アフター・コロナの学校の条件

中村文夫

アフター・コロナの学校の条件

岩波書店

はじめに　アフター・コロナの学校の条件

わたしたちの学校

二〇二〇年二月二七日、当時の安倍首相は、新型コロナウイルス(SARS-CoV-2)の感染拡大を受けて、突然、小中高校に対して「一斉休校」(臨時休業)を要請するという挙にでた。学校という集団性の高い環境を閉鎖することで、感染リスクを回避するという名目であった。だが、このときはまだ陽性患者が少なく感染リスクの低いとされる地域の学校も含めて全国一斉の休校を行う必要は、政府専門家会議に相談はなく、また文部科学省の反発も受け入れずに行われた、当時としては医学的な根拠のない判断だった①。さらに、要請後も政府の学校への対応は一貫性を欠いた惨憺たるものになった。

だが、そうした社会的な危機の中で、地域の公共機関としての公立学校の役割は再発見されたのではないだろうか。地域の中でつくられてきた学校という公共空間は、子どもたちの学びという一つの役割だけではなく、地域の人々の生活維持のための社会的基盤(インフラストラクチャー)として多様な役割も併せ持っている。また、学校における感染症対策も、教育の歴史の中で、かなりの程度培われている。小中高校の一斉休校は、今まで当然のように存在した学校が、地域の子どもたちにとって重要というだけではなく、保護者の家庭生活にとっても重要な、いわば「わたしたちの学校」であったことを改めて浮き彫りにしたのである。さらに付け加えるならば、近年多発する自然災害において、緊急避難先として公立小中学校が果たしてきた役割も忘れることはできない。このことを第一章で明らかにする。

他方では、文科省をはじめ政府は、一斉休校から生じた学習の欠落を埋めるという名目のもと、必ずしも学校現場からの要望に基づくものではないオンラインによる遠隔教育の導入を急ピッチで進めた。だが、そうした政策には、一斉休校をしなければ全国的な学習の欠落は生じなかったことへの反省はみあたらない。

二〇二〇年七月に内閣が決定した「経済財政運営と改革の基本方針」(通称「骨太の方針」)はデジタル社会の進展を強く打ち出しており、なかでもオンラインによる遠隔教育の早期実現を掲げている。このように国策として進められつつある教育の情報化は、アフター・コロナの時代になって、より強化されていくことだろう。こうした教育は、二一世紀に入ってから二〇年間に進められた新自由主義的な教育が目指した「個別最適化された学びの実現」の一つの到達点である。この「個別最適化された学びの実現」については、教育の情報化とともに第二章で考えたい。

国民教育として実施されてきた近代の公教育は、グローバル化に適応した人材を生み出すべく、いまや個人のための教育へと変容している。これは、「国のための教育」が「私のための教育」へと転換したこと、つまり、公教育の私教育化を意味している。だが、そこで軽視されているのは、地域の教育、つまり「わたしたちの教育」という視点なのである。

一斉休校のなか、子どもたちと保護者には微妙な感情がうまれたのではないだろうか。一方には、休校で失われた関係性を復活させたいという「学校がないと困る」という感情。他方では、関係性が失われてもオンラインによる私だけの学びがあれば「学校がなくてもいい」という感情。この相反する二つの感情である。子どもと保護者はいま、この二つの感情のはざまで揺れているのである。

この体験の意味を探り、新たな視点から地域の学校を「わたしたちの学校」として捉えかえすことが、アフター・コロナの学校の基本的な条件である。思えば、義務制の公立学校は明治期以来、政府からの財政的支援がほとんどない中でも、地域の人たちが知力、財力を尽くしてつくりだし、守ってきたものであった。

アフター・コロナの学校の進むべき道は、国のためでもなく、私のためでもなく、わたしたちのための公教育という視点のさきに見えていくはずである。

感染症の拡大は一〇年前に検討されていた

それにしても、新型コロナウイルスという感染症ウイルスに対して、日本社会がこれほどまでに脆かったことには驚きを禁じ得ない。新型コロナウイルスの子どもへの影響についての国際的な見解を見ておこう。ユニセフのフォア事務局長は、「パンデミックを通して、子どもたちはほとんど感染していないという神話が今も根強く残っていますが、それは見当違いです」と語っている。二〇二〇年一一月にユニセフが発表した報告書[2]では、新型コロナウイルスの罹病者の約一一パーセントが二〇歳未満であると分析された。そして影響が多岐にわたることから各国政府に六項目の対応を呼びかけている。その内容を要約すると次のようになる。(1)デジタル格差の解消などを通じ、すべての子どもたちの学びを保証する。(2)ワクチンを手ごろな価格ですべての子どもが利用できるようにする。(3)子どもに対する暴力をはじめ、あらゆる形態の暴力に終止符を打つ。(4)安全な水、衛生へのアクセスを増やす。(5)子どもの貧困の増加を逆転させ、すべての人の包括的復興を確保する。(6)紛争や自然災害を受けている子どもとその家族への支援を強化する[3]。

日本では、今から一〇年ほど前の二〇一〇年六月、厚生労働省が新型インフルエンザの流行を踏まえ、今後発生するであろう新たな感染症への対策を定めていた[4]。民主党政権下で作成されたものの自公政権下において放置されていたこの報告書では、ＰＣＲ検査の強化や学校の休校措置のあり方も言及されている。学校の休校に関しては、以下のように検討課題が示されている。

(1)学校や保育所、通所施設等（以下「学校等」という。）の臨時休業について、今回は一定の効果はあったと考えられるが、今後さらに、休業中の行動も含めた学校等の休業時の実態を把握し、情報を公開しながら知見を収集し、学校等の臨時休業の効果やそのあり方を検討すべきである。

(2)病原性に応じた学校等の休業要請等について、国が一定の目安(方針、基準)を示した上で、地方自治体がその流行状況に応じて運用を判断すべきである。

(3)学校等の臨時休業や、事業自粛、集会やイベントの自粛要請等には、感染者の保護者や従業員が欠勤を余儀なくされるなどの社会的・経済的影響が伴うため、国はそれらを勘案し、対策の是非や事業者によるBCP(事業継続計画)の策定を含めた運用方法を検討すべきである。また、実施に際しては社会的・経済的影響について理解が得られるように更なる周知が必要である。

(4)学校等の臨時休業の情報について、地域の医療機関や医師会と学校等の関係者が迅速に情報共有出来るようなネットワークシステムを構築すべきである。

だが、このような課題が示されていたにもかかわらず、政府は感染症拡大時の臨時休校の効果やそのあり方の検討を行わなかったし、情報公開をして知見を収集することもしなかった。また、国の目安に対応して自治体が運用を判断するという当然の仕組みも用意しなかった。そして、自粛要請等による社会的・経済的影響を想定した事業継続計画の策定の検討もされなかった。とくに地域の医療体制については、ネットワークを構築するどころか、経済的効率性から削減し弱体化させてきた。[5] その結果、患者の発生から検査、治療に至るまでの各所で目詰まりが起こり、治療が受けられない人々が生じたことで、ウイルスへの恐怖が社会を襲うことになった。

新型コロナウイルス拡大への対処を厳しく検証し、あらたな感染症拡大への準備を社会全体で行うことが求められる。そのためには、新自由主義的なグローバリズムによる行き過ぎたヒト・モノ・カネの相互依存体制を見直し、民生を重視し、もう一度自主自治的な人々の暮らしを構築していく必要がある。その中では、この間の公教育のあり方についても根本から問い直すことになるだろう。少数のグローバル人材の育成を目指すのではなく、危機にあってこそ地域の学校として障害のある子ども、外国にルーツを持つ子ども、貧困にあえぐ子どもともに通い、助け合って生きる人々を「当たり前」とする教育が必要である。本書では、そのような世界のための公教育の可能性と、そうした公教育を実現するための学校の条件を考えていきたい。

新型コロナウイルスの感染拡大の波にもまれながらも、この感染症の世界的な拡大をもたらした過度のグローバル化を反省し、ハイテクに依存せず、使い込まれて普段使いとなった技術、知見を大切にする地域の共同の営みを重視する。防災・防疫に秀でた学び舎で、その営みを世代で継いでいくために、「普段使いの学び」を会得するのが義務教育である。それはわたしたちの学校によって積み重ねられてきたし、今後も積み重ねていかねばならない。第三、四、五章で学校の歴史的な経過と現状の課題を明らかにし、近未来の展望を図る。

本書は、こうした歩みを進めるための課題のありどころを、教育行財政の知見から検討し、アフター・コロナの学校の条件について提言をするものである。

目次

第一章

学校を防災の拠点に

問題提起

毎年各所で発生する自然災害によって、私たちは災害は例外ではなく常態であると認識を改めつつある。平穏無事な日常とは、いまや繰り返される災害の間にだけ存在するものなのだ。では、学校において本当に必要な防災対策とは何か。

実は、現在の学校は、主要施設の倒壊対策においては十全な措置が取られている。二〇〇八年に起きた四川大震災の後に文科省が進めた耐震対策のために、東日本大震災においては校舎や体育館の倒壊がまねいた死者は一人もでなかった。だが、一方では施設や設備の老朽化対策が進まないため、二〇一八年の大阪府北部地震ではブロック塀が倒壊して児童が死亡するといった事故が起きている。夏の酷暑化に対応した空調設備の導入も万全ではなく、とくに災害時の指定避難所として使われる体育館には、導入がまったく進んでいない。加えて、プライバシーの確保といった問題も解決されていない。

さらに、新型コロナウイルスの感染拡大は、学校における防疫対策という課題もあらわにした。もちろん、新型コロナウイルス以前から、感染症は繰り返し社会を襲ってきた。そのため、日本の学校は戦前から学校医制度の導入や、養護教諭(前身は学校看護婦)の配置によって、感染症予防に力を注いできた。今回の感染拡大のなかでも、学校職員は努力している。だが、事前の備えは万全であったのだろうか。

災害時に学校を避難所にする場合の感染症対策についても、公衆衛生の研究者はすでに検討を行なっていた。それにもかかわらず、今回の事態にはあまり生かされることなく、感染拡大にあたっての無用の混乱を招くことになった。

公立の学校は、児童生徒の学びの場所だけではなく、地域の人々にとって多目的公共空間である。いわば、わたしたちの生活における拠り所なのである。地震、豪雨などの自然災害と感染症とが複合して、繰り返し地域と学校とを襲うことを想定した備えが必要になっている。児童生徒の学びの場としてだけではなく、避難所のような地域の拠点としての機能を向上するためには、地域でつちかってきた防災の知恵を学び、新たな科学的知見を加えて経験値を高めていく必要があるだろう。

一　安全・安心な学校を目指して

登校をした児童生徒を元気な姿のまま保護者の元に帰すのは、学校にとっては授業よりも大切なことかもしれない。だが、当たり前にも感じられる安全・安心な学校運営のために、学校にかかわる者がどれだけの気配りをしているかは、一般にはあまり知られていない。本章では、学校の安全・安心がどのような取り組みによって維持されているかを検討するとともに、地域における防災の拠点としての学校の役割を考えたい。

老朽化する校舎・設備

各地の学校がいま直面している大きな課題の一つに、校舎・施設の老朽化がある。戦後、若年人口が増加した時期に多くの校舎が建造されたため、数十年を経て多くが耐用年数を過ぎつつある。二〇一八年六月に大阪でおきた最大震度六弱の地震では、高槻市の寿栄小学校で屋外プール脇に設置されていたブロック塀が倒れ、登校の最中だった四年生の児童が下敷きになって死亡する事故が起きた。

この痛ましい事故を受けて、文科省は全国で調査を行ったが、ブロック塀などがある小中高校、幼稚園などは全国に一万九九五三校、そのうち安全性に問題がある学校は一万二六五二校(六三・四パーセント)に上った。文科省は全国の学校に点検・安全対策を要請する通知を発した。[1] 国土交通省も同時期に通知を発し、塀の所有者への注意喚起を行った[2](図1-1)。

その後、二〇一九年の調査ではブロック塀などがない学校、あるいは撤去した学校は三万五三〇五校(全学校の六九・一パーセント)となった。[3] 大阪府箕面市、堺市、愛知県名古屋市では市立小中学校のすべてのブロック塀の撤去が行われた。また、安全確認を済ませた学校も六三四三校(一二・四パーセント)、二〇二〇年三月までに安全対策を完了する学校も三九一五校(七・七パーセント)あり、あわせて四万五五六三校(八九・二パーセント)が二〇二〇年三月までに安全対策を完了することとなった。事故を受けた素早い対応がなされたと言えるだろう。

ブロック塀に関しては、そもそも学校は開かれた公共施設なのだから、地域社会から学校を物

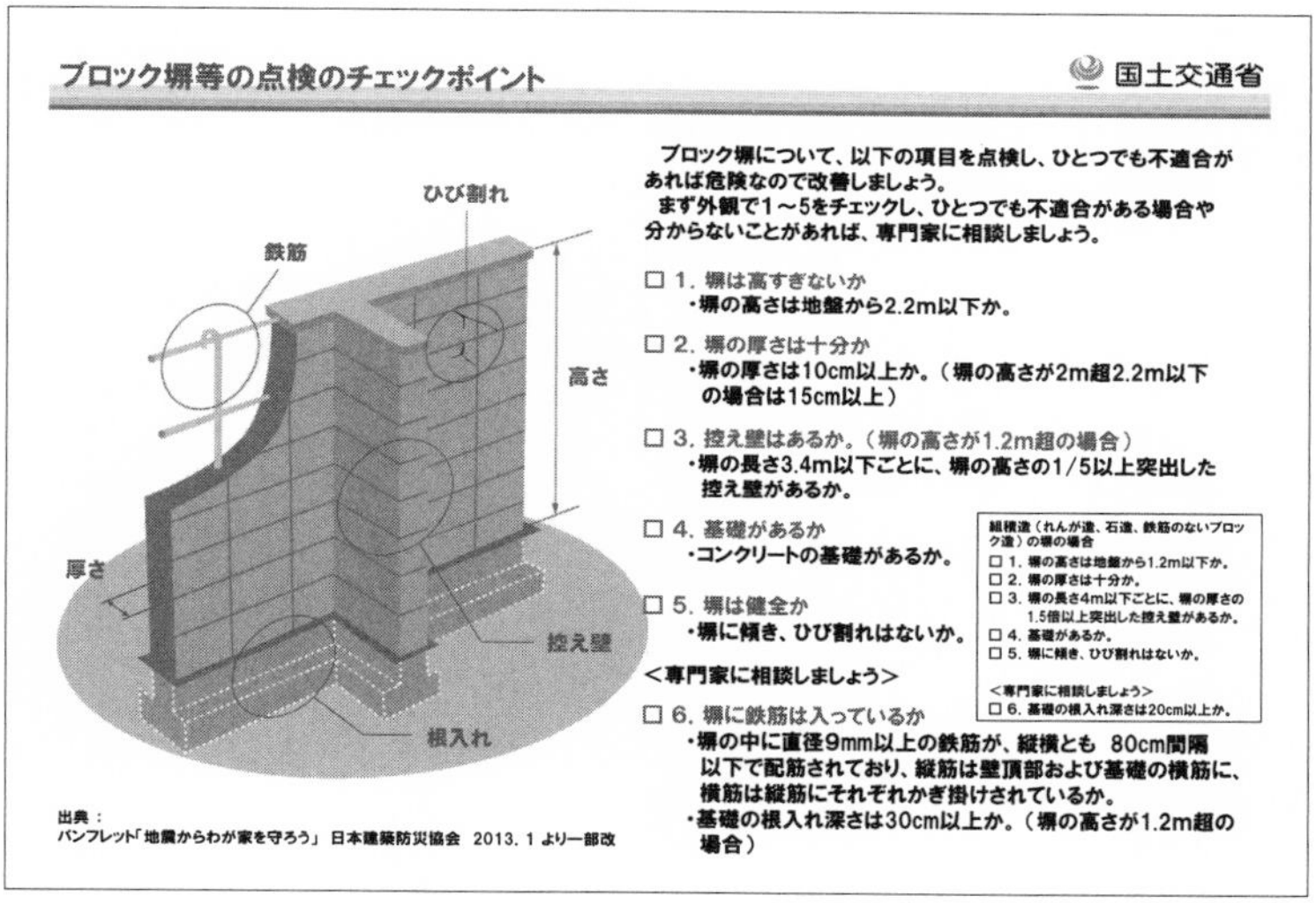

図 1-1　国交省「建築物の既設の塀の安全点検について」(2018 年)

理的に隔てる壁や門の存在自体がふさわしいかどうかという指摘もある。そうした見地に立ち、地域との仕切りが必要であれば、ブロック塀ではなく生け垣や学校の植栽、プール目隠し用には板塀を使用するなど、発想の転換をした地域も多かった。学校の安全の確保は道半ばだが、このような痛ましい事故や事件を教訓として、安全な環境作りの試みが繰り返されている。

不十分な酷暑対策

校舎・設備の老朽化による問題は他にもある。その代表的なものが夏の酷暑対策である。例年を上回る気温となった二〇一八年、文科省は五月の段階で「熱中症事故の防止について(依頼)」という通知を発し、また八月にも、高温時の臨時休業や夏休み期間の延長などの対応を求める通知を発している。酷暑のなか、空調設備のない教室は学習環境として最悪である。だが、文科省が二〇一七年に発表したデータによれば、公立小中学校の普通教室に空調設備があるのは約半数(四九・六パーセント)に過ぎなかった。

また、普及率には都道府県によって大きな差が生まれている。普及率九九・九パーセントの東京都を筆頭に、六都府県で八割以上の学校に空調設備が設置されている一方で、北海道の〇・三パーセントをはじめ、普及率一ケタが九道県もあった。北海道のように寒冷地域に属する地域だけでなく、夏の酷暑に襲われる地域にも、静岡県や奈良県のように普及率が非常に低い県があったのである。空調施設のない教室は、学習環境として適していないばかりか、水分補給など適切な対策をおこなわなければ熱中症になる危険性すらある。

自治体が未設置の理由とするのは、主に財政問題である。確かに、空調の導入には多額の初期費用がかかるだけではなく、運転やメンテナンスなどの経常経費もかさむ。設置を望みつつ、財源確保という課題を解消できないという行政担当者の声もある。[4] しかし、より長期的に見れば、一九九八年には普通教室で三・七パーセントしかなかった普及率が、二〇一七年には約五割にまで高まっているのだ。この二〇年の間に設置をしてこなかった自治体は、財源を他の行政課題に回したと言えるだろう。財源不足はほとんどの自治体が抱える問題であり、その中でなにを重点課題とするのか、行政は住民に説明する必要がある。未設置の自治体は、空調設備を重点課題としない理由を住民に説明することができるだろうか。こうした自治体の姿勢が、熱中症と隣り合わせの教室で児童生徒が勉強することにつながっている。

文科省は二〇一九年度予算の概算要求に、教室への空調設備の導入を含めた公立学校施設の安全対策・防災機能強化等の推進費として、前年度の三・六倍の約二四〇〇億円を盛り込んだ。だが、国庫の補助は費用全体の三分の一であり、残り三分の二は自治体が賄わなければならない。また、設置した後のランニングコストについては補助がない。

ある公立高校では、財源不足を理由に「原則として保護者が設置費や電気代を出すことを条件に、エアコン設置をPTAに許可していた。各家庭の負担額は、毎月の平均で生徒一人あたり七〇〇円程度という。ただ生徒数が少ないと、一人あたりの負担額が大きくなるため、設置に踏み出せないPTAが出ていた」という[5]。だが、そもそもPTAに学校施設の維持管理について財政的に頼ることには大きな問題がある。学習環境を

表 1-1　空調（冷房）設備設置状況調査結果
（小中学校　都道府県別，単位 %）

	都道府県	普通教室	特別教室	合計
1	香川県	100.0	89.0	95.0
2	滋賀県	100.0	87.1	94.0
3	東京都	100.0	88.5	94.0
4	沖縄県	91.7	80.9	87.4
5	大阪府	97.5	62.8	82.8
6	茨城県	99.2	61.0	81.1
7	奈良県	97.1	65.5	80.9
全国平均		**77.1**	**48.5**	**62.8**
40	山口県	57.9	27.2	41.1
41	長野県	48.7	28.0	37.9
42	静岡県	46.5	25.7	36.3
43	宮城県	34.5	21.9	27.7
44	秋田県	18.7	17.2	17.9
45	岩手県	20.5	10.1	14.6
46	青森県	5.6	6.7	6.3
47	北海道	0.8	3.8	2.4

出典：文部科学省　2019 年 9 月 1 日

改善する取り組みは恒常的に財源に悩まされているため、このような解決法がまかり通っているのだ。

教室以上に遅れているのが、体育館への空調設備の導入である。二〇一九年の調査（表1-1）によれば、全国の小中学校で、普通教室では七七・一パーセント、特別教室では四八・五パーセント（高校では普通教室で八三・五パーセント、特別教室で四三・七パーセント）まで進んでいるにもかかわらず、体育館では二・六パーセントしか導入がなされていない。[6] 数で見れば、全国でわずか八四八館にしか設置されていないことになる。後ほど論じるが、空調設備のない体育館は、災害時の避難先として劣悪な環境である。学校の安全・安心を高めていく取り組みは、児童生徒の学習環境を改善することだけでなく、被災した住民の保護や、社会教育への活用にも密接にかかわる、地域全体の課題であることを再認識する必要がある。

二　防災と防疫を両立させるために

新型コロナウイルスの感染拡大によって新たな課題として浮上してきたのが、学校における防災と防疫の両立である。異なる自然災害が複合的に関係する場合、あるいは自然災害と人的災害が重なる場合において、どのような措置が必要だろうか。科学的なデータにもとづく新たな計画の策定が求められている。

実は、公立学校は他の公共施設や一般的な家庭よりも感染症対策において高い経験値を持っている。保健衛生を専門とする、養護教諭という世界に類をみない職種が各学校に配置され、学校医という制度も定着しているためである。だが、残念ながらこうした学校の経験値は、いまだ十分に評価されているとは言い難い。

学校医と学校看護婦

一九世紀末、学校では国民病といわれたトラコーマ(伝染性慢性結膜炎。トラホームともいう。病源体はクラミジア)の蔓延が深刻化していた。それに対して、「公立学校ニ学校医ヲ置クノ件」(勅令)及び関連省令により、伝染病の予防消毒の施行や学校閉鎖を管理者等に申告するため一八九八年に設置されたのが学校医制度である。この制度のもと、各地の学校には学校看護婦が徐々に配置されていった。年配の読者であれば、町の眼科医院や保健室に目洗い用の白いボウルがあったことを記憶されていることだろう。これらはトラコーマの治療として、目洗いが盛んに推奨されたことの名残である。医療従事者である学校看護婦が「目洗い先生」と呼ばれることもあった。

各学校に設置された保健室は、当時は治療室といわれ、校内における医療施設と位置づけられていた。学校制度が整備される初期の段階から、集団性の高い学校は感染症の拡大を招きやすい(現在の用語を使えばクラスターの発生リスクの高い)場所であると認識され、厳しい対策が取られてきたのである。こうした対策のなか、日本は世界で初めてオーレオマイシンによるトラコーマの治癒を検証した。そしてトラホーム予防法（一九一九年）が一九八三年に必要とされなくなるまで、学校では熱心な研究と医療活動が行われたのである。

戦時体制である国民学校では、学校看護婦は養護訓導に切り替わり、医療従事者から教育者へと役割が変えられた。養護教員（養護訓導は、戦後は養護教諭）の登場である。治療室も保健室へと代わった。学校はその後、この養護教諭を中心として、さまざまな感染症対策の知見を積み上げていくことになる。だが、養護教諭は差別的な対応にもしばしば直面してきた。学校看護婦とよばれていた時代には、「登校を途中で待ち受け父母の罵倒にしばしばあり、又投石すらおこなわれた」（原文ママ）との証言もある。[7] 厚生省管轄の看護師から文部省管轄の教諭へと立場が変えられたことも、学校内にあった看護婦への差別を、先生への「同化」によって解消しようとしたためだと考える研究者もいる。[8] だが、その後も「赤チン先生」などという呼び方があったように、授業ができない養護教諭（兼務発令を受ければ保健教科は担当できた）は学校において「周辺」に扱われてきた。[9]

戦中・戦後の食糧不足のなかでは、結核、ジフテリアや赤痢、発疹チフス、日本脳炎などの伝染病が蔓延した。当時の養護教諭の仕事は、児童生徒の頭にＤＤＴを撒くなど即効性のある衛生措置が主だった。それが高度経済成長のなか、社会的な関心が感染症から不登校、いじめ、虐待などの被害者の心のケアに移っていくにつれ、保健室には「保健室登校」をはじめとして、生徒からの相談を受けるという役割も加わった。心のケアがより重視される近年では、スクールカウンセラーなど専門職の配置も進みつつある。養護教諭の役割は、一般的には分かりづらくなりつつあるかもしれない。

こうした中、新型コロナウイルスの感染拡大は、学校に通う児童生徒の状況を、医療的な専門性のもとで一人一人細かく観察している養護教諭の重要性に再び光を当てる出来事だった。養護教諭の役割は、感染症対策を軸にして拡大していくことが予想される。今後の課題としては、養護教諭となるためには看護師の資格を必須とする、あるいは養護教諭とは別に看護師を各学校に配置するなど、保健衛生の能力を拡充していく新たな方策の検討が求められる。二〇二〇年九月には、養護教諭出身である研究者たちが『「新しい学校生活」のための感染症対策ハンドブック』を緊急出版した。コロナ禍のなかで学校生活を続けるための実践的なテキストとなっている⑩。このように集団生活をする学校を感染拡大の発生源としないための防疫の意識は浸透してきている。だが、学校クラスターや部活クラスターが発生した場合の対処についてのマニュアルがないことが自治体から指摘されている⑪。二〇二一年になって、感染力の強い変異株が海外からもたらされ、埼玉県や新潟県では児童のクラスターが発生し、神奈川県では公立校の五割で感染が報告された。こうした事態に対して、新潟県新発田市は市内すべての小中学校、幼稚園・保育園に勤務する約二五〇〇人の教職員を対象に新型コロナウイルスの抗原検査を実施した⑫。災害時に学校において命の選別につながるトリアージを迫られるような事態に陥ることは絶対に避けなければならない。

避難所としての学校

急峻な山岳と急流の河川が多くある日本では、人々の多くは山肌に拓かれた狭い土地、あるいは治水工事によって住めるようになった土地に暮らしてきた。そして台風、地震、火山の噴火、予想のつかない寒冷化や温暖化などに翻弄されながら生き延びてきた。

そうした災害に対する知恵は、さまざまな地域に蓄積されている。洪水について例を挙げれば、高知県の四万十川には沈下橋と呼ばれる欄干がない橋がかかっている。川が増水しても橋に負担がかからず、流されないようにする工夫である。また、関東地方の利根川沿いには、一段高いところに水屋と呼ばれる蔵を兼ねた備蓄小屋を建て、その軒には船を吊るような工夫がなされた旧家がある。だが、近年になって激甚化する災害には、古くからある知恵だけでは対応できなくなっているのかもしれない。私たちは、災害に対する新たな知見を加えていく必要があるだろう。では、学校という施設はどのような役割を果たせるだろうか。

ヒントは学校の歴史のなかに見つけることができる。明治初期の学制頒布以前、京都では町衆が竈金《かまどきん》を集めて六四校の番組小学校を設立した。この番組小学校では、地場産業である織物産業育成のための教育を行っていたのだが、学校施設には火の見やぐらもあり、市役所の出先機関、町の集会所、交番の役割も果たすという、地域の多目的公共空間としても機能していた。こうした地域共同の事業として運営される複合施設としての学校は、明治初期に存在したというだけでなく、これからの学校が目指す目標にもなるだろう。

公立学校はこれまでも非常災害時の避難場所として活用されてきた。避難所に指定されている学校は、小中学校で二万七一四九校(九四・八パーセント)、高校で二七一二校(七五・四パーセント)、特別支援学校で四八八校(四五・五パーセント)、全体で三万三四九校(九一・二パーセント)に上る[13]。また実際に被災した住民の四九・二パーセントが、避難場所として小中学校・高校を選んでいる[14]。

二〇〇八年五月に発生した中国・四川大地震では、倒壊した学校校舎が七〇〇〇棟近くに上り、倒壊によって多くの教職員、児童生徒が犠牲となった。この事態を重く受けとめた文科省は、耐震基準に沿った校舎の改修工事に着手した。その結果、二〇一一年の東日本大震災では、校舎の倒壊による死亡事故は一件も起きていない。こうした堅牢性もあって、震災直後だけではなく、そのあとも継続的に、学校施設は避難場所として活用されてきた。二〇一一年七月の文科省の調査では、応急避難場所となった学校数は、宮城県の三一〇カ所をはじめ全部で六二二校であった[15]。

だが、避難場所としての学校に求められるのは堅牢性だけではない。災害は貧富の格差、性別、年齢、国籍の違いを超えてすべての人々に襲いかかる。学校に避難してくるのは、乳幼児を抱えた家族、体や心に障害や病気を抱えた人々、体力が減少している高齢者など、さまざまである。しかしほとんどの学校は現状において、あくまでも子どもの学習施設という単機能のみを想定して作られている。生命の危険から逃れる、あるいは生活環境を確保するためには十分ではない構造と設備しか持たない学校が、震災時の指定避難所とされているのである。

学校が避難所となる場合、とくに問題となるのがプライバシーの確保である。災害が起こるた

表1-2　学校機能再開までのプロセス

	応急避難場所機能	学校の機能	必要な施設設備
救命避難期（発災直後～避難）	地域住民の学校への避難	子どもたちの安全確保	避難経路，バリアフリー
生命確保期（避難直後～数日程度）	応急避難場所の開設・管理運営	子どもたちや保護者の安否確認	備蓄倉庫，備蓄物資，トイレ，情報通信設備，太陽光発電設備，プールの浄化装置等
生活確保期（発災数日後～数週間程度）	自治組織の立ち上げ，ボランティア活動開始	学校機能再開の準備	ガス設備，和室，更衣室，保健室等
学校機能再開期	学校機能との同居，応急避難場所の解消	学校機能の再開	学校機能と応急避難場所機能の共存を考慮した施設設備

出典：文部科学省「東日本大震災の被害を踏まえた学校施設の整備について」(2011年）より作成

びに、被災者が体育館で雑魚寝をする様子が報道される。学校が避難所としての機能を充分に持っていないことを表している。二〇一六年に起きた熊本地震では、地震による直接の死者が五〇人だったのに対して、震災関連死（災害が起きた時には助かったものの、避難生活を続ける中で体調を崩した死者など）は一七〇人にも上った⑯。緊急避難時であっても、プライバシーを確保でき、ストレスのない避難生活を送ることができる空間が必要である。弱い者がより多くの我慢を強いられて心身ともに壊されないためにも、基本的人権を尊重した避難所の設営が必要とされている。避難所における性的な暴行や嫌がらせの被害も報告されている⑰。避難所運営には女性の参加も含めた民主的な運営が必須である(学校機能が再開されるまでのプロセスは表1-2にまとめた)。

遅れる環境整備

東日本大震災の後、政府は災害対策基本法を改正し、「避難所における良好な生活環境の確保に向けた取組指針」を策定した。

注目するのは、内閣府のガイドラインで紹介されている、避難所の国際的な基準ともいえる「スフィアハンドブック」における基準である。[18] この基準によれば、一人当たりの居住空間は最低三・五平方メートル、トイレは二〇人に一基が必要で、男女比は一対三であるべきとされている。[19] さらに、介護、福祉サービスが必要な人のための福祉避難所を別に設けることも定められている。また、二〇二〇年に改正されたバリアフリー法(高齢者、障害者等の移動等の円滑化の促進に関する法律)では、すべての公立学校がバリアフリー化を義務付けられた。学校以外が避難所に設定されているケースでも、当事者や障害者支援団体の参加を保障したバリアフリー化を推進すべきだろう。

徳島県は二〇一七年に、スフィアハンドブックの基準を取り入れて避難所の運営マニュアル作成指針を改定した。また、阪神淡路大震災を被災した兵庫県では、ボランティアへの交通費の支給制度を設けている。市町村レベルでは、長崎県島原市が九州の自治体として初めて、荷台に男女別の洋式トイレを設置した軽トラック「トイレカー」を導入し[20]、長野県上田市では「ワンタッチパーテーションファミリールーム」という簡易テントのような機材を避難所に導入している[21]。このような設備や、段ボールベッドなどの簡易ベッドを設営することは、三密を避けることや、避難者のエコノミークラス症候群の予防のためにも効果がある。各地で導入は急ピッチで進んでいるが[22]、地域差も生じている。

このような国際基準を取り入れた改善は、全国的にはいまだ緒に就いたばかりである。その理由として、基準が一般に知られていないこと、自治体が独自に準備するには財政的な負担が重すぎること、大規模・広域化する災害への対策が自衛隊、自治体職員頼みとなってしまっている構造がある。さらには、災害対策は自己責任であるという考えが一部で根強いことも挙げられるだろう。制度・財政の両面において、政府が主導した広域支援体制を作る必要がある。二〇二一年度になって、「緊急防災・減災事業債」を用いて発熱者の専用室、換気扇、洗面所、トイレ、更衣室、授乳室の増設などの費用の七割を国が負担する方向が示された[23]。

日本と同様に地震被害の多いイタリアは、発災から四八時間以内にトイレ、キッチン、ベッド付きの避難所を、自治体ではなく国が主導して設置することを法律に定めている。雑魚寝ではなく、テントとベッド、シーツは家族ごとに用意される。また事前に登録し、訓練を受けた調理師などの職能ボランティアには、被災地までの交通費を国が支払う制度が整っている[24]。住民を守ることにおいて、日本政府の姿勢が不十分なことは明らかである。こうした遅れをカバーしているのは、自治体の努力や住民の自治なのである。

教職員による避難所運営

学校設備が教育の単機能に絞られていることは指摘したとおりだが、校舎・設備だけでなく、そこで働く教員の任務も法律上は教育活動のみに限定されている。学校教育法の第三七条には「教諭は、児童の教育をつかさどる」と記されているだけなのだ。災害のさいも、教員の任務としては子どもたちの安全確保が優先されており、地域住民を対象とする避難所の管理運営は任務とされていない。

だが、学校を日常的に使用し、校舎の構造や設備に詳しい教職員は、避難所の運営には欠かせない人材である。阪神淡路大震災のあとで文部省は「学校等の防災体制の充実について」(第一次報告は一九九五年一一月)において、「学校が避難所となる場合、災害応急対策が円滑に行われるよう、教職員は避難所の運営について必要に応じ協力すべき立場」と、避難所運営における教員の立場を明確化した。それを受けて、東京都教育委員会は一九九八年に避難所運営への教職員の協力を明示し、勤務時間外で従事する場合、時間外手当がでない教員に対しては教員特殊業務手当を支給することとなった[25]。京都市は新型コロナウイルス感染拡大に伴う長時間勤務について、対応業務は「特に疲労度や困難度の加わる勤務、その他特異な勤務」に支給される「特異性手当」に当たるとして、二〇二〇年六月にさかのぼって制度を適用することを決めた[26]。

大規模災害時だけではなく日常的な防災対策に従事するためにも、実践的な知識は必要不可欠である。防災の実践的な訓練を受けて二〇万人近くが取得している防災士という民間資格がある[27]。栃木県栃木市や和歌山県日高川町などでは自治体職員全員に防災士の資格取得を求めている。こうした自治体の動きにならって、学校教職員にも資格の取得を勧めるべきだろう。愛媛県では県が防災士養成講座を開催し、公立学校の教職員や教育委員会の職員を対象に加えて講習を実施した結果、二〇一九年時点で五〇〇人以上の防災士が養成された。このような教職員を、それぞれの学校に一人以上配置することができれば、避難所としての学校の機能はかなり向上するはずだ。現状でも、防災士の資格をもつ学校事務職員が「地域と連携した防災訓練」を意識しつつ、学校を避難所として運営する場合の問題点を事前に報告するといった活動が始まっている[28]。兵庫県では「震災・学校支援チーム（EARTH: Emergency And Rescue Team by school staff in Hyogo）」がつくられている。県内及び他都道府県等で災害が発生した時、要請に基づき、避難所となった学校の教育復興を支援する教職員の組織である。平時には防災教育などに携わっている[29]。同様の取り組みは熊本県、宮城県、三重県にも広がっている。このような動きがさらに広がることを期待したい。

学校は防疫できるか

防災と防疫の両立は、日常の学校運営だけでなく、学校を避難所として運営する場合にも大きな課題となる。実は、新型コロナウイルスの感染拡大前にも、避難所における感染症対策は問題になっていた。東日本大震災においては、東北大学などの研究機関が、震災直後に対策マニュアルを作成した(30)。このマニュアルは避難所が警戒すべき感染症として、急性上気道炎、インフルエンザ、肺炎、結核、膀胱炎、感染性胃腸炎、食中毒の七つを取り上げ、それぞれの症状と、感染予防策を提案している。対策の基本は手指の衛生、居住区域の環境整備、食品管理、体調管理である。さらに細かく見ていくと、アルコール消毒薬を避難所の入り口やトイレなど多くの人が使用する箇所に複数設置すること、施設として可能な場所では定期的(午前と午後に一回など)に窓やドアを開け換気を行うこと、居住区では個人間(もしくは少なくとも家族間)の距離を十分(一～二メートル程度)保つこと、治療が必要な感染症患者が発生した場合に備えて、搬送する医療機関への連絡体制を構築することなどが、このマニュアルには記載されている。新型コロナウイルスについても、基本的な対策は変わらないはずだ。

では、新型コロナウイルスの拡大において、避難所の防疫対策は再検討されているだろうか。内閣府・消防庁・厚労省が二〇二〇年四月に作成した指針では、「避難者に対して手洗い、咳エチケット等の基本的な感染対策を徹底することとし、避難所内については、十分な換気に努めるとともに、避難者が十分なスペースを確保できるよう留意するようお願いします」と、これまでと変わらない対応を求めている(31)。

一方、一週間後に出された通知では一歩踏み込んだ方策が提案された(32)。「可能な限り多くの避難所の開設」として、指定避難所の他にもホテルや旅館を活用すること、あるいは「親戚や友人の家等への避難の検討」が求められたのである。このような、指定避難所以外の活用を求める通知は、以前にはなかったことである。

そのようなか、防災と防疫を両立させることの難しさを浮き彫りにしたのが、二〇二〇年六月に九州各地を襲った記録的な豪雨である。長崎県では家族ごとに約二メートルの間隔を開け、発熱などの症状がある人専用のスペースを確保する、また十分な換気を行い、頻繁に手が触れる場所については一日二回以上の消毒をすることなどを定めたマニュアルを事前に作成していた。しかし、長崎県佐世保市では、避難所を担当した自治体職員が到着した際にはすでに一〇人以上が避難しており、一人一人に口頭で体調確認したが、開設準備で忙しかったため検温まで手が回らなかった。「高齢の家族三人で避難した市内の女性は「身の安全を優先することで精いっぱい。感染対策を考える余裕はなかった」と明かした」と報じられている。[33]福岡県久留米市は、「コロナ対応の避難所開設・運営マニュアルに基づき、一人当たり四平方メートルを確保して「三密」を避けることや、消毒やマスク着用などの衛生対策の徹底に取り組んだ。避難所は一校区一カ所が基本だが、広範囲の冠水で多数が避難した北野、城島校区では、避難所を二カ所に増やして避難者の分散を図った[34]」。こうした三密を避けた避難所の設営を行うと、当然一カ所当たりの収容人数は限られるために、より広い避難場所を確保しなければならず、また運営に参加する人員も多数必要となる。しかし近年の合理化政策によって、地方自治体の正規採用職員は減少している。

さしあたっては、災害時における職員の配置の工夫や、普段からの感染症対策の習慣づけなどが求められるだろう。また、避難してきた人たち、避難所を運営する職員が容易に検査を受けられる体制を整備することも、安心して避難所を利用することにつながるだろう。

第三章で詳しく述べるように、学校統廃合によって地域から小中学校がなくなってしまうケースが全国で多発している。このような地域では、小規模の公民館しか避難所がなくなってしまい、そこに収容されない被災者は行き場を失う恐れがある。前記の通知では「親戚や友人の家等」が避難場所として挙げられているが、そうした頼るべき人が近隣にいない場合も多いだろう。自治体が事前に大規模な民間施設の活用の可能性を検討し、避難所として契約をしておくことが望まれる。また、保健健康部局との連携も課題としてある。新型コロナウイルスの感染拡大によって周知されたが、保健所が各地で次々と廃止されたため、地域の防疫体制は非常に脆弱になっている。また医療の拠点となる医療機関についても、その多くが経営危機のなかにあるのだ。

住民参加の学校運営を

先にも述べたように、公立学校は感染症対策には高い経験値をもつ。新型コロナウイルスの感染拡大以降、こうした経験値を生かしていくためには、どのような取り組みが必要となるだろうか。

まず考えられるのが、学校医や養護教諭という専門職員を中心に、地域の保健衛生の担当者などを交えて協議を行い、学校に関わる保護者、児童生徒、学校職員がそれぞれ連携をしながら迅速に行動をとる仕組みを用意することの重要性である。

こうした防疫対策、および疫病発生時への事前の準備は、今回どの程度なされていたのだろうか。校内感染を危惧して自主的に休校する児童生徒が多数いたことは、準備の不備をあらわにしているのではないだろうか。

兵庫県神戸市の中学校では教員が感染した後、市は担任生徒と教職員に限定して検査を行うが、一週間後に別のクラスの生徒の感染が判明した。市はそれでも限定した範囲でしか検査を実施しなかったため、一部の生徒が学校を自主的に休まざるを得なくなった[35]。こうした「学校クラスター」とさえ言えるような状況は、「ＧｏＴｏキャンペーン」によって感染拡大が加速していた二〇二〇年一一月にも、全国各地で断続的に発生していた。たとえば、埼玉県さいたま市では、「感染が判明したのは一〇〜四〇代の男女八人。うち一〇代の男女二人は、一二日に市内の小学校で男性教諭の感染が確認されていたクラスの児童だった。さいたま市教委によると、児童二人の感染を受け、同校を引き続き一六日も臨時休校にする」状態にあった[36]。

安全・安心であるはずの学校でクラスターが発生していては、むしろ自宅のほうが安全だと思う児童生徒・保護者が増えるのもやむを得ない。さいたま市では七月の時点で、市内の児童生徒一二一人が継続的に学校を休んでいた。市の教育委員会は休んでいる児童生徒に対して、欠席ではなく出席停止の扱いにする、学習支援をする、いじめや差別につながらないようにするといった指導をしている。だが、最も肝心なことは、検査や防疫への指針を整え、安心して通学ができる環境を整備することだろう。[37] 都市部の狭く密閉性の高い住宅では家庭内感染のリスクが高いことは、多くの調査がすでに指摘している。自宅での学習を認める、あるいはオンラインでの授業を促進することは、新型コロナウイルスに対する防疫としては、根本的な解決策にはならないのである。

では、どのような取り組みが必要となるだろうか。

文科省は近年、学校運営協議会制度(コミュニティ・スクール)という制度を促進してきた。これは学校と保護者、地域がともに知恵を出し合い、学校運営に意見を反映させることで、学校づくりを進めていこうという仕組みである。[38] 特に二〇一七年の法改正で設置が努力義務とされたことで、それまでの一・五倍に急拡大し、二〇一八年には全国で五四三二校に協議会が設置されている。[39] 高校の学校運営協議会は前年の六五校から三八二校と六倍近くになった。

これからの学校では、このような仕組みを活用した防疫対策を検討するべきだろう。たとえば臨時休校については、学校保健安全法にもあるように、休校を判断するのは学校設置者とされている。また、出席停止を決める権限は校長が持っている。[40] 学校を一斉に休校(法律上は「臨時休業」)させる権限は、首相にも文科省にもないのである。ところが二〇二〇年になされた休校措置に対して、多くの地域では教育委員会も学校運営協議会も機能しなかった。制度があるにもかかわらず、地域と学校とが緊密に連絡を取り合ったり、学校の運営方針について協議を重ねることがなかったために、このような事態への反対意見も出されなかったのである。

学校で学んでいる児童生徒の参加を認めず、また地域住民からの公選制度もとっていない現在の学校運営協議会は、教育委員会と同様に、形ばかりのものとなっているケースが多い。公教育に関して住民が意思を示す場所は、わずかな例外を除き、日本ではほとんど制度化されていないのである。

教育者の東井義雄は、戦後まもなくの時期に、「村を捨てる学力」に対して「村を育てる学力」の重要性を唱えた。(41) 自分だけの豊かな生活を夢見て都会に出るために身につける学力ではなく、地域の日常の用に供する学力の尊重こそが、戦後の教育の基幹となることを主張したのである。

こうした理念は、教育委員会制度の設置とも響き合うものだった。地域において必要な教育について、専門家に任せず住民による選挙で選ばれた委員たちが決めるという公選制教育委員会は、GHQの要請のもとで一九四八年に設置された。アメリカで発達した公選制と自主財源に基づく自立した特別自治組織としての教育委員会の制度の導入は、京都市の番組小学校をはじめ戦前にも試みられていたが、戦後は財政権がない自治体組織内の「行政委員会」制度として成立した。(42) だが、いわゆる「逆コース」によって、教育委員会は一九五六年には任命制へと姿を変えてしまう。

一方で、学校運営協議会にあたる構想も戦後一貫して提案はされてきたが、大きな動きになることはなかった。一九四九年、戦後を代表する教育学者である大田堯は中央集権的な教育計画に対して地域教育計画を提唱し、社会機能別の委員会を提言した㊸。一九九〇年代には神奈川県川崎市で地域教育会議が作られたが、これは地方自治法が改正された際に、革新市政下にあったために行われた取り組みであり、全国には広がることはなかった。現在のような学校運営協議会の仕組みが広がっていったのは、一九九八年に中央教育審議会(中教審)が「今後の地方教育行政の在り方について」という答申を発表してからのことである。

この学校運営協議会という発想だが、実は教育に関する行政機関である自治体の教育部局・教育委員会制度を廃止・軽量化していくという点において、世界的な傾向とも軌を一にしている。協議会の枠組みをより充実させ、住民や児童生徒の意思を反映させる場にしていくためには、公選制へと作り替えることが必要である。そうでなければ、いざというときに機能しないアリバイだけの制度になってしまうだろう。

学校だけに頼らない防災を

本章で紹介したような取り組みによって、学校を快適な避難所としていく努力は続けられなければならない。ただ、指定避難所として学校ばかりをあてにすることには限界がある。第三章で詳しく論じるが、少子化・過疎化を理由とした学校統廃合を進めた結果、身近に学校がない地域が広がっているのである。

地域住民の多数が避難できる公的施設はもともと非常に限られているが、新型コロナウイルスの拡大によって、さらに広い避難スペースが必要になっている。学校をはじめとする公的施設は、避難所として今後も役立つだろうが、全面的に依存することは不可能である。安全な場所に、人権を尊重した避難所を新たに設営するよう、イタリアのように国が前面に立って防災、避難所設営をする政策に転換すべきではないだろうか。

第二章

教育情報化は「魔法の杖」か

オンラインの遠隔教育は平等な学びを保障できるのか。これまで、小中学校におけるICT（情報通信技術）を活かしたデジタル教育はほとんど進んでこなかった。それにもかかわらず、新型コロナウイルスの感染拡大により全国一斉休校が実施されると、突然、オンラインの遠隔教育が実施されることになり、さらに二〇二〇年度中に一人につき一台のPC環境をつくるとして、膨大な教育予算がつけられた。しかし、文科省の調査によれば、一斉休校中にデジタル教科書やデジタル教材を活用した家庭学習を実施した自治体は、休校をした一二一三自治体のうちのわずか三五三自治体、同時・双方向型のオンライン指導を通じた家庭学習を実施した自治体に至ってはわずかに六〇自治体でしかなかった。学校側の実施体制はほとんど整っていないなか、家庭の通信環境がすでに整備され、両親が「先生」役になることができたわずかな地域だけで、こうしたデジタル教育が可能だったというのが実情であろう。

文科省は、一斉休校が終わっても、オンラインの遠隔教育と教室での授業をハイブリッドで行うことを方針としている。デジタル教育の促進は、学校側から教育の改善として求められたことではなく、政治経済の視点に立った国策として進められている。だが、義務教育とは、普通の人々が普通の生活をするために必要な、「普段使いの学び」をするためにあるのではないか。それは、社会で使い込まれて馴染んだ知見を次の世代につなげるためのものであって、新奇な考え方や機材を実験室のように使い、「私のための教育」をするものではないはずだ。

ICTが現在の教育を一変させる「魔法の杖」となるには、ICT環境の整備、授業内容のICTへの移植、そして生徒個々人にIDを振り学習履歴や健康情報などをクラウド上で集中管理すること、の三つが必要となる。これらによって可能となるのが、文科省が掲げる「個別最適化された学びの実現」である。気にかかるのは、このような急激な変化が誰によって推進されるかということである。「私」のための教育だと思っていても、政府の共通プラットホームに乗った「教育データ標準」により、私の個人情報は誰かの富を生むための道具となってしまうのではないか。

地域ごとに設立された公立学校という物理的な空間がなくても、家庭で私のための教育が可能となる。そのような未来を垣間見せているのが、全国に生まれている広域通信制高等学校である。いわゆる教育特区では株式会社立学校の設立も認可され、全国の生徒に通信教育を実施することができるようになった。これを便利と思うか、危険だと思うかで今後の学校のあり方が相違してくるだろう。いま私たちは、教育に学校は必須なのか、という前代未聞の問いの前に立たされている。

一　デジタル化で学校は変わるのか

「格子なき支配」の現在

いまは亡き剣持一巳は技術評論を中心に社会的課題について根源的な提起を行ってきた評論家である。(1) 彼が「コンピュータ化という表現は、社会がコンピュータ中毒にかかっていることを示している。ハイテク社会の病理構造はここにある。中毒患者は中毒そのものを自覚しない。コンピュータ中毒の社会も、その内部に中毒を自覚する部分を持とうとはしない。だから、さらに深刻な中毒に陥っていく。コンピュータなしには存在しえない社会へと変貌していく」と語ったのは一九八六年のこと。それは工場からオフィスへとハイテク化された労働が広がっていく最中であった。[2] 剣持はこうした変化を、私たちが魔法の杖に導かれて「格子なき支配」を受け入れることだと批判した。

そのころ、テレビゲームという遊びが子どもの世界へ忍び込んできた。筆者はその様子を『子供部屋の孤独』にまとめた。[3] 当時の子どもたちが、現在では社会の第一線で活躍している。「格子なき支配」の構造が批判されることは少なくなり、情報化社会に対する批判的視座は、プライバシーの侵害、労働の安全やメンタルケアといった課題、あるいはインターネット上での誹謗中傷やいじめといった個別の問題へと切り詰められていった。そしていま、新型コロナウイルスの世界的な感染拡大は、アメリカと中国の間で争われている情報化競争を激化させ、スマートフォンの位置情報による個人の追跡などによる情報管理が防疫に効果的であるという言説も広がっている。資産状況の把握が電子決算を通して行われ、健康、思想信条や交友関係を示す履歴がクラウド上にビッグデータとして蓄積されていく。アメリカでは民間巨大産業群ＧＡＦＡ(Google、Apple、Facebook、Amazon の四社)が、中国では「デジタル権威主義」といわれる国家による直接的な情報管理が力を振るっている。一方の日本では、詳しくは後述するが、二〇〇〇年のＩＴ基本法（高度情報通信ネットワーク社会形成基本法）制定以降、二〇一九年にデジタル手続法（情報通信技術を活用した行政の推進等に関する法律）を制定し、二〇二一年にデジタル庁を設立するというところまで至った。

デジタル教育環境の整備

二〇二〇年度からスタートした新学習指導要領では、小学校で「プログラミング教育」が必須化された。これはプログラム的思考を学ぶことであり、プログラムをコンピュータ上で組むことではないとされる。新学習指導要領には「児童がコンピュータで文字を入力するなどの学習の基盤として必要となる情報手段の基本的な操作を習得するための学習活動」「児童がプログラミングを体験しながら、コンピュータに意図した処理を行わせるために必要な論理的思考力を身に付けるための学習活動」と定められている。コンピュータを動かすプログラム的思考が「論理的な思考」とされているのだ。だが、YESかNOかではなく、YESでもありNOでもある、あるいはYESでもなくNOでもないことも普通にあることを受容することこそが、学びにとっては重要ではないだろうか。複数の解があり容易に「真理」には至りつかないことを知るということが教育の根本にあるはずだ(4)。

プログラミング教育を進めるにあたり、児童生徒一人にICT機器一台のICT教育環境を整備することは、文科省にとって最重要課題であった。二〇一九年度の予算編成では三人に一台の整備が計画されたが、同年の補正予算では一人一台を二〇二三年までに実現すると計画が前倒しされた。さらに二〇二〇年の一斉休校期間に、オンラインによる遠隔授業で家庭学習を可能にするという目標が掲げられ、政府の緊急経済対策においては二〇二〇年度中に一人一台を整備するとして、更なる前倒しがされた。二〇二〇年度の第一次補正予算では、そのための関連費用として二二九二億円が計上された。実施には自治体の予算で賄うことが必要な部分もあったため、各自治体も緊急の補正予算を組むことになった。

二〇二〇年六月、文科省は「新型コロナウイルス感染症に対応した持続的な学校運営のためのガイドライン及び新型コロナウイルス感染症対策に伴う児童生徒の「学びの保障」総合対策パッケージについて」を通知した。ここにある「学びの保障」とは、つまるところ、一斉休校を実施したことに伴う学習不足を家庭での自学自習で補うことで切り抜けるという方策である。

GIGAスクール構想

二〇一九年一二月に文科省が発表した「GIGAスクール構想」は、「令和の時代のスタンダードな学校」を目指すとされた。GIGAとは「Global and Innovation Gateway for All」の略称であり、児童生徒一人一台端末と、高速大容量の通信ネットワークの整備によって、「公正に個別最適化された」教育を実現するものだという。「GIGAスクール実現推進本部」へ、当時の萩生田文科大臣から以下のようなメッセージが送られている。

「Society 5.0 時代に生きる子供たちにとって、PC端末は鉛筆やノートと並ぶマストアイテムです。今や、仕事でも家庭でも、社会のあらゆる場所でICTの活用が日常のものとなっています。社会を生き抜く力を育み、子供たちの可能性を広げる場所である学校が、時代に取り残され、世界からも遅れたままではいられません。一人一台端末環境は、もはや令和の時代における学校の「スタンダード」であり、特別なことではありません。これまでの我が国の一五〇年に及ぶ教育実践の蓄積の上に、最先端のICT教育を取り入れ、これまでの実践とICTとのベストミックスを図っていくことにより、これからの学校教育は劇的に変わります」(二〇一九年一二月一九日)。

明治以来の後発国根性に戻った「世界に遅れるな」という強迫観念から、なけなしの教育財源が、こうしたデジタル教育に重点投資されているようだ⑤。だが、学校の「スタンダード」とは何か。ICT機器が導入され、デジタル教科書などのソフトウェアが配布されたからといって、教育の内容は劇的に変わるだろうか。おそらく、私のための教育としての「個別最適化された学びの実現」にとって本質的に必要なものは、学習履歴などのデータの蓄積である。データが蓄積されていないところで端末を使っても、それは紙のドリルをデジタル化したものにすぎない。

効率的な学習とその評価・認証には、児童生徒の学習履歴や健康情報を経年的に蓄積することが必須だが、こうしたデータの蓄積も、「統合型校務支援システム」として着々と進められている。二〇二〇年には蓄積されつつある子どもたちの情報について「教育データ標準」が示され、政府の共通プラットホームが始まった。児童生徒の個人情報の扱いはより明らかになりつつある。また、文科省の全国学力・学習状況調査のCBT(Computer Based Testing)化も悉皆と抽出を組み合わせて実施する方向で、GIGAスクール構想の一環として検討されている。(6) このことを含め、GIGAスクール構想が一気に具体化した状況と課題を考えていくことにする。

まずは国家予算から見ていく。従来の教材整備のための経費の国庫負担分が年間八〇〇億円(教育機器も多数含まれる)あるのに加えて、教育のICT化に向けた環境整備五か年計画が立てられた。それに従い、二〇一九年度の補正予算よりGIGAスクール構想が始まるとされた。

近年の政策を見ていくと、デジタル教育が児童生徒や学校現場からの声ではなく、経済成長を促す国策として実施されていることが見えてくる。教育行政の最新の中期計画を示す「第三期教育振興基本計画」(二〇一八年度から)は、今後は「超スマート社会(Society 5.0)」の実現に向けた技術革新が進展するとみなしている。そしてICT利活用のための基盤の整備として、「情報活用能力の育成」、「主体的・対話的で深い学びの視点からの授業改善に向けた各教科等の指導におけるICT活用の促進」、「校務のICT化による教職員の業務負担軽減及び教育の質の向上」、そして「それらを実現するための基盤となる学校のICT環境整備の促進」などを挙げている。

二〇一八年三月の設置率はICT機器一台当たり児童生徒数五・六人に過ぎなかったのが、二〇二〇年度中に一人一台に急拡大する。それは信じられない事態を様々に引き起こすことになった。

文科省は萩生田大臣を本部長とするＧＩＧＡスクール実現推進本部を立ち上げ、「ＧＩＧＡスクール構想の実現パッケージ――令和の時代のスタンダードな学校へ」という構想を示した。この構想では、標準仕様書が例示された。標準化することで大量発注を実現し、購入のコストを抑えることができる。だが、それは各地域の物品調達を規制するものでもある。仕様書によれば、端末一台につき公・国立学校では四・五万円が用意されている。私立はその二分の一とされている(高等学校はＢＹＯＤ(自前のスマホとパソコンを持ち込んで行う授業)などにより対象外となる)。

このように、一気にエンジンがかかったデジタル教育事業だが、自治体の動きはどうだろうか。導入に前のめりの一部自治体を除いて、二〇二〇年度内に整備を終了するために相当の無理を重ねた。

教材費も問題だ。パソコンはソフトがなければただの箱である。主たる教材である紙の教科書は無償であるが、二〇一九年度から使用が可能となったデジタル教科書は補助教材扱いであり、二〇二〇年現在、使う場合には自治体か保護者が負担せざるをえない。二〇二〇年九月に発足した菅義偉内閣は行政のデジタル化に拍車をかけ、その一環として文科省はデジタル教科書の使用のため二〇二一年度に二〇億円を計上し五割の公立小中学校に配置する。ただし、総務省による「教育クラウド・プラットホームについて」(二〇一六年一月)をみると教科書ソフトは各端末に入れられるのではなく、教科書会社が用意したサーバーにアクセスして利用するクラウド方式が想定されている。そのため、アクセスが集中した場合の負荷対応や家庭の通信環境によっては利用できないといった基本的な課題が存在している。

二 「授業はやめても教育はやめない」の危うさ

デジタル教育の莫大な費用

新型コロナウイルスの感染拡大という大規模災害の中、当時の安倍首相は抜き打ち的に全国一斉学校休業を要請し、公立学校の九九パーセントがそれに応じた。臨時休業にするには多様な影響を考慮した準備が必須だったが、それが無視されたために社会は大混乱に陥った。この混乱のなか、ICTによる「個別最適化された学びの実現」への強力な誘導がなされることになった。本節では、これまでの過程を教育行財政の見地から検証してみる。

二〇二〇年一月三〇日、指定都市市長会は、一人一台のICT機器を二〇二三年までに実現するGIGAスクール構想に関して、財政支援の促進を求める趣旨の要望書を萩生田文科大臣に提出した。だが、その後の推移を見ると補正予算の繰り返しによって構想の実現化が早められていることがわかる。一般的に言えば、補正予算で大規模な新規事業を実施するのは望ましい手法ではない。二〇の政令指定都市の中には、横浜市のように人口三七〇万人以上を擁する自治体も存在するが、児童生徒数の多い政令指定都市は、導入に巨額の経費を要するからだ。中でも、政令指定都市に移行して一〇年で急速な財政悪化に陥っている相模原市は、二〇二〇年度の新規事業を凍結する状況にある。

苦しいのは小規模自治体も同じである。平成の大合併で広域合併した「小さな自治体」は人口規模も税収も一般的に少ない。大容量高速ネットワークを広域に敷設することは困難である。静岡県では、県内三五市町中、二〇一九年度に補正予算が組めたのはわずか一〇自治体のみだった。(7) 二〇二〇年度はコロナ対応で財源を使い果たし、今後も経済の好転は見込めない。日本経済新聞の調査によると、都道府県では三〜六月の補正予算で五・五兆円をコロナ対策に投じ、二九県で財源不足に陥る可能性がある。(8) 埼玉県新座市は二〇二〇年一〇月一日、財政非常事態宣言を発令するまでに追い込まれた。(9)

学校教育法第五条では、「学校の設置者は、その設置する学校を管理し、法令に特別の定のある場合を除いては、その学校の経費を負担する」ことになっている。したがって、公立学校を設置している自治体は、教育活動を保障する義務がある。「設置者」の意向が最大限尊重されなければ、学校は維持管理できない。国(文科省)が一方的に事業を強制し、財政的な負担を強いることがあってはならないのだ。しかし現実には、敗戦直後の一時期を除いて自治体の意向はほぼ無視されてきた。

どうしてこうなるのか。第五条は「法令に特別の定のある場合」に国や保護者の負担を認めているが、国の負担は、国が全額補償している主たる教材である紙の教科書や、学校施設の建築費の一部補助などにとどまる。教職員の給与等に充てられる義務教育費国庫負担金でさえ、国家負担は三分の一でしかなく、残り三分の二は自治体負担である。地方税による財源が不足した場合は地方交付税交付金で措置されるが、東京都、川崎市など不交付団体は、丸ごと自治体の自主財源で賄うしかない。

このように、指定都市市長会の緊急要望の背景には、教育行財政の構造上の課題がある。この問題を身近に感じるのが、学校給食費（教育課程の中で食育として実施）、補助教材・教具費、修学旅行費などの学校徴収金である。日本国憲法第二六条の規定では義務教育は無償であり、この趣旨からすれば保護者の負担はあり得ない。だが実際には、公立小中学校を管理する市区町村の財政が苦しくなると、いつのまにか保護者負担が増える。文科省の「子供の学習費調査」（二〇一八年度）によれば、学校徴収金（学校教育費と学校給食費の合計）は公立小学校では年間一〇万六八四〇円、公立中学校では一八万一九〇六円となっている。いわばこれらは「広義の授業料」である。この問題については第五章で詳しく述べるが、学校徴収金で学校が実施するＡＩドリルをデジタル教育の一環に組み込んでいる学校もあることは指摘しておきたい。

教材の財源についてもう少し詳しく見よう。主たる教材である教科書は、義務教育では私立学校を含めて無償である。さらに、授業を行なうのに必要な教科書以外の補助教材（黒板や体育用具、理科の実験器具など）についても、文部省・文部科学省が定めてきた学習指導要領に対応したものである。そのため実際に「教材基準」品を揃えるのは設置者の役目であっても、戦後約三〇年間にわたって義務教育費国庫負担制度の中に教材費が含まれていたし（一九五三～八四年）、国庫負担が廃止された後も一定の規模（現在は一年間に八〇〇億円）で地方交付税交付金に含まれてきた。

もっとも、地方交付税交付金は一般交付金であることから、使い方は自治体の判断であるのが建前である。ＩＣＴの機器や高速回線の敷設に関する二〇一九年度補正予算分については地方交付税交付金以外にも国庫補助をするなど特別の対応がとられる。それでも指定都市市長会が緊急要望をしたのは、国が使途を一方的に決めるにもかかわらず、財政的にも一部補償でしかないのが理由だった。「令和の教育のスタンダード」とされるＧＩＧＡスクールの経費は、教育費の現状が抱える矛盾を露呈させている。

教育は地方自治である。したがって、本来は国の法律の趣旨に沿って独自の教育を行うことができるはずだ。教育課程を編成するのは学校（校長）であり、それを財政的に保障するのが自治体である。この視点から、わたしたちの教育を実現する道筋を見つけ出していかねばならない。

地方自治を重んじた公教育を拡充するためには、欧米と同じように、国が告示する教育「基準」（学習指導要領）を大綱化し、それを参考に自治体の裁量によって公教育を実施する制度へ転換することが必要である。そうすることで学校運営という事業と、そのための事業費とを一体化することができる。根本的には、学校にかかる経費を地方の自主財源で賄えるように税制を改善することである。義務教育段階でみれば、その額は一人当たり年間に国と地方自治体が負担している公的資金約一〇〇万円と保護者の税外負担分の平均約一五万円を足した一一五万円相当である。現在の破綻寸前の矛盾の解決は、この方策しかないと筆者は考える。「どのような内容を教えるのか」を決めるところと、その財源を確保するところとが相違するという構造的な欠陥が、GIGAスクール問題にも影を落としている。

オンライン化が変える学校

神奈川県真鶴町立小学校において、体育の授業中に走り高跳びの練習で六年生の男子児童が左目を失明するという痛ましい事故が起きた。事故の原因となったのは園芸用支柱で、高跳びの支柱の代用にして授業を行なったという。「担任は正規用具の数が少なく「より多く跳ぶ機会をつくるためだった」などと説明したという」と産経新聞は伝えている。[10]

だが、こうした事故の責任を担任にだけ負わせることはできない。真鶴町は、果たして教材教具を買えないほどに困窮しているのだろうか。そうではない。町はタブレット端末について小学校で一学級四〇人分を二〇二〇年に整備している。限りある教育財源の使い方の順番が違っていたのではないか。このような事態がデジタル教育によって全国各地に広がる危険がある。

オンライン化の問題は財源だけにとどまらない。ここでは、重要と思われる点を二つ指摘したい。

一つは児童生徒の学習、健康情報など個人情報のデジタル化である。学校や教員の働き方改革は、非正規、民間委託学校職員の導入と業務の機械化によって進められている。そのうち業務の機械化の中核が、教育のICT化に向けた環境整備五か年計画にもあった、統合型校務支援システムの導入である。このシステムの中心は、児童生徒の個人情報の集積である。現段階では学校ごとの集積が多いが、基礎自治体を超えて全県での一元管理を構想する鳥取県のような動きもみられる。学習履歴がなければ個別最適化した学習は組めないと考えられているからである。後に述べるように、これらは学習内容のコード化とともに、教育情報の国家による一元管理という異次元の課題として現れてきている。

もう一つは、学校の統廃合の限界を超えた過疎化・少子化が進む地域で、オンラインによる遠隔教育が期待されていることだ。義務教育でも、すでに各地で実証実験が始まっている。さらに遠隔教育の需要は、過疎地だけにとどまらず、不登校の児童生徒をはじめとして、すべての児童生徒で喚起されている。高等学校では二〇人に一人が通信制高等学校の生徒である。少子化で児童生徒が減少し、公立高等学校が統廃合される中で、元来、教育機会の保障として有意義な学校制度とされていた通信制高等学校が新たな需要を得ているのだ。

休校措置が加速させるデジタル教育

中国国務院教育部は新型コロナウイルス対策として、約二億七〇〇〇万人の児童生徒学生に対し二〇二〇年春季の授業開始を遅らせるが、それに代わってインターネットを利用した情報化教育を提供し、「授業は中止、勉強は中止とせず」と発表した。億を超える児童生徒、学生がオンラインの遠隔教育を受講することとなり、関連企業による顧客獲得合戦が始まったという(11)。

だが、このような災害時に商機を見出そうとする動きは日本でも起きている。多くは経済産業省や文科省のデジタル教育政策に応じ、教育委員会や学校と一体になって実証実験をしてきた企業だ。

一斉休校期間中の二〇二〇年三月二日、文科省は「子供の学び応援サイト」を立ち上げ、教育コンテンツの紹介を始めた。だが、その後に文科省が行った調査によれば、デジタル教科書やデジタル教材を活用した家庭学習が実施されたのは三五三自治体で、臨時休業を実施する自治体の二九パーセント、同時双方向型のオンライン指導を通じた家庭学習に至っては六〇自治体で、わずかに五パーセントでしかなかった⑫。

このように休校の代替措置への政策と実態がかけ離れているデジタル教育の導入であったが、問題点を五点にまとめたい。

(一)日本の子どもの貧困率は七人に一人と先進国でも最悪の部類に属している。ICTや高速通信網がない家庭、地域は多い。デジタル教育はこうした貧富の格差を無視し、さらには助長させることにつながる。

(二)日本の住居は狭小であり、学習机がない家も多い。家庭内に子どもが複数いる場合、学習環境の確保はさらに困難になる。新たにデジタル機器を設置する余裕がある家庭は多くないはずだ。また、設置したとしても、学習に集中できる環境を思い描けない家庭もあるだろう。セキュリティソフトメーカーのマカフィーが行った調査によれば、小中高校生の約三割はオンライン学習に「家族のＰＣ」を用いていた。⑬ ただ、二〇二一年二月に文科省が出した通知では、オンラインを活用した特例の授業は非常時のやむを得ない場合の対応としている。⑭

(三)デジタル教科書は二〇二四年の新たな教科書採択にむけて検討の最中にある。だが、二〇二〇年に作られた「活字の学びを考える懇談会」はデジタル教科書だけでなく紙の教科書との併用を求めている。⑮「デジタル教科書の使用に懸念を抱く市区は八六パーセントに上」るなど、デジタル教科書使用への懸念の声は高まっている。⑯

(四)小中学校の教員は双方向の授業をできる段階にいない。通信を使ってあいさつ程度はできても、学習指導ができる教員は少ない。それは、教員の資質・能力として、ＩＣＴを活用した指導がこれまで求められてこなかったためである。教員採用試験では遠隔教育が想定されていなかったし、そのための在職研修もこれまでは受けていない。現状は大学の教職課程がデジタル教育に対応して変更され、現職教員への研修が始まる段階である。そのため、休校期間中の遠隔教育は、児童生徒の保護者や同居者が在宅勤務を中断して「先生」役を務めたことで、ようやく成り立っていたに過ぎない。その上、中学校の全教科に対応できる保護者や同居者がどの程度存在するのかも調査されていない。

(五)疫病対策を高めれば、学校で快適な学習環境を構築することは可能である。二〇二一年度から小学校で段階的に始まった少人数学級(三五人学級)だけではなく、第三章で述べるように、児童の足で通える学区に設置する小規模学校への財政措置を行うことは、社会で共存していくために必要なコストである。

二〇二〇年六月に文科省が発表した統計によれば、六月一日現在で全国の九八パーセントにあたる学校で休校措置が解除された[17]。文科省の指示に従い、全国の公立学校の九三パーセントが休校し、短縮授業等を含めると九九パーセントが再開したことがわかる。教育行政における地方自治は発揮されなかった。

では、学校再開後の遠隔授業はどのように行われているだろうか。大阪府寝屋川市では、「三密」を避けるために登校・オンラインの遠隔教育のどちらでも選べる「選択登校」に取り組んでいる。二〇二〇年六月一日から分散登校を始めたが、保護者からの「コロナ感染が心配なので、登校を控える」という訴えに応じて、同市教委はオンライン授業も選べる「選択登校制」を導入し、出席扱いとしている。授業はライブ配信され、子どもたちは家庭のタブレット端末やスマホなどで視聴できる。「基礎疾患がありコロナ感染の心配から自主休校しています。学校に行きたくても行けません。登校かオンラインかを選択できる取り組みが広がってほしい」、「選択肢が沢山あることは、子どもの個性や環境に即したもので大変有意義」という声もあり、寝屋川市以外でも選択登校を求めるネット署名も行われている[18]。特定の疾患による不安を抱く保護者や、不登校を選択肢として考える保護者は寝屋川市だけではない。しかし、不登校を選べない家庭環境に置かれた人々もいることを同時に射程に入れて考えないと、教育機会の平等に基づく議論とはいえないだろう。義務教育において選択の自由が、親の資産等に規定されることがあってはならない。

デジタル偏重の予算配分と談合

二〇二〇年度の第一次補正予算では学校再開等支援として一五五億円（布製マスク一四〇〇万枚を計二回、消毒液、体温計等保健衛生用品、補習支援など）が盛り込まれた。だが、休業時における子どもたちの「学びの保障」として、ＧＩＧＡスクール構想には、再開支援をはるかに上回る二二九二億円が計上されている。また、第二次補正では、学びの保障のために「加配教員の追加配置三一〇〇人、学習指導員の追加配置六一二〇〇人、スクール・サポート・スタッフの追加配置二〇六〇〇人」に三一〇億円、「学校再開に伴う感染症対策・学習保障等に係る支援経費」に四〇五億円が計上されていたが、これも政府の予備費一〇兆円に比べれば微々たるものに過ぎなかった。

つまるところ、二〇二〇年度の文教予算は新型コロナウイルス感染症対策を名目とした、ＩＴ機器とネットワーク敷設、非正規学校職員の配置という、従前の手法を加速させるものでしかなかった。学校でも、「新しい生活様式」が要請されているが、「三密」を避けるためには少人数学級の実現と、世帯の困窮化への対応である教育費の完全無償化が政策の中心に置かれなければならない。教育費の完全無償化については、第四章、第五章で考えたい。

二次にわたる補正予算によって、義務教育では八万四九〇〇人が加配され(19)、さらに一人一台の

ＩＣＴ環境が二〇二〇年度内に整備されることになった。だが、こうした政策を具体化していくのは地域の教育委員会と学校の業務である。教員の成り手が減少している中、九万人もの直接・間接に教授活動に携わる学校職員を、質をそろえて採用することには困難があった。

第一次補正予算で示されたＧＩＧＡスクール構想によって一人一台ＩＣＴ環境を作るために、学校の設置者である自治体は非常な無理を重ねることとなった。文科省によれば、二〇二〇年八月の時点で端末が納入された自治体は二パーセントにしか過ぎなかった。全国的に端末が品薄になる状況が生じ、二〇二〇年度中に納品を間に合わせるためにさらに大きな負担がかかった。そうした負担を強いながらも、二〇二一年三月には九七・六パーセントの自治体で一人一台のＰＣ環境が整えられた。

だが、そのひずみは談合という最悪の形で明らかになった。公正取引委員会は広島県、広島市が発注する小中高校生向けパソコンやタブレット端末の入札においてＮＴＴ西日本、大塚商会など一四社に対して独占禁止法違反（不当な取引制限）の疑いで立ち入り検査に入るという事態となった。疑いの内容をみると、遅くとも二〇一三年度から事前調整をしていたとみられる。二〇二〇年度の一般競争入札は七回とも落札率は高く、特にタブレット端末五一六台では落札率一〇〇パーセントであった。一般競争入札でも、応札が一社というケースや落札率が九五パーセント以上の場合には、公平な入札ではないとみなされる。青森県西目屋村の前村長もタブレット入札を巡り収賄容疑で逮捕されている。ほかの自治体も執行状況の点検が必要である。

三　学習指導要領のコード化と学習履歴のデータ化

学習履歴のデータ化

新型コロナウイルスの感染拡大を契機として、遠隔オンライン教育への社会的な関心は高まった。またICTを用いた教育については、その新奇さもあって、マスコミからの注目を以前から集めてきた。だが、デジタル教材を自由自在に使う見栄えの良い授業風景のために、どのような仕掛けが舞台の裏で動いているのか、その奈落の深さを知る必要がある。

デジタル教材が使えるようになったとしても、児童生徒一人ひとりの資質や能力に個別的に対応する必要が生じる。そのためには、児童生徒の学習履歴や健康状態などを蓄積し、解析することが求められる。教員は専門的な資格のある労働者として、これまでの教授活動で得た経験的な勘を活用して児童生徒への指導を行っていた。教員の能力は百人百様であり、年度初めに担任発表があると、保護者や子どもたちで「当たった、当たらなかった」とひと騒ぎがあった。こうした教員の活動をデジタル教育で代替するために、文科省は個人の学習状況の履歴、すなわちスタディ・ログの蓄積をするシステム開発を進めることに、以下に見るように余念がない。だが、こうしたことは関係する教育関係者以外にはほとんど注目されていない。

林芳正元文科大臣は、有識者との間で、教育の情報化について議論してきたが、そこでは

EdTechという造語が用いられていた。これは教育(Education)とテクノロジー(Technology)を掛け合わせたものであり、学習・教材にデジタル技術を活用し、従来の教育の仕組みに変革をもたらすビジネスやサービス全般について使われている。議論の成果は二〇一八年の報告書で発表された。[20] 現在のGIGAスクール構想の骨格を示した報告書の第三章では、「公正に個別最適化された学び」を実現する異年齢・異学年集団、飛び入学、早期卒業といった多様な学習の機会と場の提供をすること、そのためにスタディ・ログを蓄積した学びのポートフォリオの活用や、全国学力・学習状況調査の改善、学びの基礎診断の導入により、個々の児童生徒について、基盤的学力や情報活用能力の習得状況の継続的な把握と迅速なフィードバックを行い、評価改善のサイクルを確立すること、さらに、デジタル教科書、デジタル教材、全国学力・学習状況調査等のCBT(コンピュータを利用した試験)導入などを進める観点からも、ICTによる教育・学習環境の整備やICT人材の育成・登用を加速することが提案されている。

教育データの利活用

学習履歴を把握するシステムの導入は、学校と教員の働き方改革を口実として、急速に進められてきた。文科省が発表した統合型校務支援システム利用のための手引きを見ると、システムにどのような内容が盛りこまれようとしているかがわかる。[21] システムには、学習履歴やその評価だけではなく、健康情報も蓄積されていく。さらには児童生徒だけではなく、教職員の職務管理も

表 2-1　統合型校務支援システムの機能

基本機能	追加機能
児童生徒情報管理・児童生徒名簿 出欠管理・出席簿 通知表 指導要録 成績管理 グループウェア機能 　掲示板，メール，予定表，文書共有等 保健管理機能 　健康診断管理，保健室来室管理，保健日誌　等	学校日誌 週案管理・時数集計 年間計画(年間指導計画) 進級先・就職先管理 教育委員会向け機能(情報出力・連絡) 行事出席管理 在学証明書 等

出典：文科省「統合型校務支援システムの導入のための手引き」(2018 年)より作成

記録されるようになっている(表2-1)。

教育委員会にとって統合型校務支援システムの導入は、子どもの学習履歴という個人情報の統一的管理が目的である。本人や保護者が知らないうちにシステムが導入される事態が全国で起きている。

大阪市では、単元テストや定期テストの採点にICTを取り入れたことで、教員の業務効率化を実現するとともに、集計・分析された学習データを個別指導、学級指導、授業の振り返りなどに活用することで、教育効果を高める指導につながっていると報告されている。また、鳥取県では二〇一八年四月から、県内の全一九の自治体の小中学校と県立学校とを結び、クラウドによる出席簿、指導要録、学校日誌、保健日誌等の帳票を統一運用している。宮崎県も、児童生徒の学習履歴の全県管理を二〇二一年から導入する。

「学校における教育の情報化の実態等に関する調査結果(速報値)」(二〇一九年八月)によれば、統合型校務支援システムは急拡大している(二〇二〇年三月一日現在で整備率六四・八パーセント)。だが、校務の情報システム化は、学校単体の話でも、教育行政だけに限定された話でもなく、地方行政組織の総務部門全体の機械化の一環にあることを理解しなければ、見かけの便利さ、効率化によって取り返しのつかない局面に立たされることになるだろう。

各学校、あるいは市町村、そして都道府県ごとに開発されてきた統合型校務支援システムが「教育データ標準」として全国共通化されることが明らかにされた。文科省の「教育データの利活用に関する有識者会議」によれば、児童生徒は性別、生年月日、在籍校、学年をベースに、学習内容の履歴だけではなく、「出欠、健康状況等の生活活動」、「学習記録、成果物、成績・評価情報という学習活動」、「指導に関する行動の記録としての指導活動」が蓄積・管理されるようになる。社会経済的な背景や教職員の情報も、必要な追加項目として挙げられている。[22]

また、有識者会議は学習指導要領のコード化、児童生徒の学習記録や健康・生活記録のビッグデータ化、その「社会全体のため」の二次利用まで検討をしている。[23] この二次利用については、文科省がＧＩＧＡスクール構想の前提となる「教育情報セキュリティポリシーに関するガイドライン」を二〇一九年に改訂している。その補足「技術的対策に関する考え方」などでは学校のネットワークを、教員のみが接続できることを前提にした「校務系ネットワーク」と、児童生徒が接続することを前提にした「学習系ネットワーク」に分離し、個人情報は校務系ネットワークにて取り扱うこと、仮に学習系ネットワークで個人情報を取り扱う場合は、セキュリティガイドラインに則り、必要な対策を講じることを定めている。だが、このようにネットワークを校務系と学習系にわけることが、多様な職種、雇用形態、そして外部人材が入り乱れてクラウドを利用する局面で果たして有効かどうか、厳しく検討していく必要があるだろう。

学習指導要領のコード化

ＧＩＧＡスクール構想は、児童生徒一人に一つのＩＤを付与し、それをクラウドで集中管理することで成り立つ。また、スタディ・ログとして記録された児童生徒の学習内容を学習指導要領とリンクさせるために、学習指導要領をコード化する方針も示されている。二〇二〇年一〇月に公開された「教育データ標準」(第一版)によって、コード化された学習指導要領の項目に対応したデジタル教科書、デジタル学習ソフトによる学習管理の一元化が可能になった。学習指導要領のコード化とは、学校・教科・学年や目標・内容をコードで管理することである。たとえば、小学校の理科、第六学年の「Ｂ生命・地球――(三)生物と環境」であれば「8260263230000000」となる。このようにコード管理をすることで、何をいつどのように教え、学ぶのかが、全国の学校のＩＣＴ学習環境で管理が可能になるのである。

教育データ標準は今後順次整備されていくことになるが、これらを活用することで、学校教員統計調査、学校保健統計調査、地方教育費調査もオンライン化されることになる。さらに文科省が計画している「学校等欠席者・感染症情報システムと統合型校務支援システムとの連携事業」

により、感染症対策等における早期の探知・対策も可能となるとされている。

前出の表には統合型校務支援システムの多様な機能をまとめた。だが、子どもたちの個人情報は今後、どのような状態に置かれることになるのだろうか。学習履歴、健康情報は個人情報の塊である。個人情報の本人コントロールが不可能になることへの危機感が欠落しているのではないだろうか。二〇二〇年一〇月には政府共通プラットホーム(第二期)の運用が開始された。教育データ標準もこの一環としてあると考えられるが、この政府共通プラットホームのベンダー(製造・販売供給元)はAmazonの関連会社である。使用するのはAmazon Web Services(AWS)、運用管理事業者はNEC、AWSの購入窓口は日立システムズとなっている。GAFAの一角が、日本政府の情報の基底部分を押さえることとなったのである。

かつては校長室の耐火書庫に分散保管されていた児童生徒の個人情報が、AWSに支えられる政府の共通プラットホームに集積・統合されるようになる。だが、こうした変化を知っている者がどれほどいるだろうか。少なくとも、児童生徒本人や保護者に対して利用目的を説明すること、またその承認や開示と修正の申告を可能とすることは、制度設計において必須であろう。同意の在り方についても、厳格な基準が必要である。日本が遅れているのはデジタル教育ではなく、情報社会における人権尊重のための整備である。

二〇一七年に施行された改正個人情報保護法(個人情報の保護に関する法律)は、氏名、生年月日などの個人が識別できるもの、または、個人識別符号(ID)が付与されているものが個人情報に当たるとしている。一方、EUで二〇一八年から施行されているGDPR(General Data Protection Regulation: 一般データ保護規則)では、人種、政治的意見、健康に関する情報などは「特別なカテゴリの個人データ」として、特別な条件を満たさない限り取扱いが禁じられている。GDPRの子ども版としては「デジタル環境における子どもの権利の尊重、保護および充足のためのガイドライン」がある。[24] また、アメリカのカリフォルニア州でも、データ収集の通知義務、個人のデータ開示、削除要求などへの違反罰則をつけた消費者プライバシー法が二〇二〇年から施行された。このような個人情報についての規制強化は、GAFAに代表されるグローバルIT企業による情報収集・活用への危機感から生まれている。EUやカリフォルニア州のような情報保護がなければ、かつて高校のeポートフォリオが保護者の反発にあって頓挫したような事態が再び起きるだろう。デジタル教育の本質的な問題とは、わたしたちの教育が、一つの巨大な情報通信プラットホームの中に閉じ込められてしまうことにある。[25]

ICTの脇役となる学校職員

新型コロナウイルスの感染蔓延によって休校した学校も、感染拡大が終息したわけではないにもかかわらず順次再開した。学校の教職員は、学校を維持するための従来の職務に加えて防疫業務が加わり、さらに遠隔オンライン教育を含むGIGAスクールへの転換が日々求められている。だが、教職員の多くが過労死水準で働いている中で、それをだれが行うのか。

文科大臣の諮問機関である中教審では、学校の在り方を変える議論が続いている。中教審総会は、二〇二〇年一〇月に「「令和の日本型学校教育」の構築を目指して　中間まとめ」を了承した。この中間まとめでは、児童生徒に一人一台パソコン端末を配備し、デジタル教科書や、ビッグデータの活用で指導を充実させることなどを盛り込んでいる。小学校高学年における教科担任制、少子化などに対応した学校運営や施設の在り方、そしてオンライン教育の在り方が検討されている。オンラインによる遠隔教育は、新型コロナウイルス感染拡大に伴うオンライン教育の成果や課題の検証を進め、学校再開後は対面指導とオンラインによる遠隔教育との「ハイブリッド化」が検討されている。

対面授業とデジタル教育とを「ハイブリッド化」した授業を求められている教員だが、これまでの採用条件にはデジタル教育は含まれていなかった。これからの教員には、デジタル教科書、付属教材に加えて児童生徒の学習履歴、健康履歴などを引き出しマッチングさせること、そして児童生徒の学習をモニター上で監視することが求められている。大学の教員養成課程では、ICT活用のための在職者研修が始まろうとしている。だが、教員のデジタル教育を支えるICT支援員は四校にひとりしか配置されない。二〇二一年度に配置されるGIGAスクールサポーターも四校に二人の配置でしかない。

こうした事態を打開するため、全国約三万人の学校事務職員にICT関連の業務が割り振られようとしている。二〇二〇年七月に文科省が示した学校事務職員の標準的な職務には、ICT関連業務とその研修が含まれた。教員だけでなく、学校事務職員、あるいは各種の支援員も含めて、GIGAスクール構想が進めるデジタル教育を支える脇役になりつつある。

こうした動きが加速していけば、教職員が本採用の地方公務員である必要もなくなっていくだろう。現在も拡大している非正規雇用の地方公務員や民間委託、派遣職員、有償無償のボランティアによって、これからのデジタル化した教育は実施されていくことになろう。

通信制学校の課題

今後の公立学校はどのようになっていくだろうか。デジタル教育を進める流れの中で、過疎・少子化地域における遠隔教育の導入と、広域通信制の拡大が目論まれていることはすでに指摘した。

通信制高等学校の歴史は長い。一九五〇年代から一九七〇年代前半まで、農家の跡取りとされた長男以外の若者は、中学卒業直後に臨時列車で上京し、「金の卵」と呼ばれながら集団就職した。そうした若者たちが、職場で働きながら進学の機会としたのが定時制や通信制の高等学校であり、社会的な意義のある教育制度であった。その制度が、新自由主義による社会的要請と規制緩和の中でよみがえってきたのである。

高等学校における通信教育は、学校教育法（現行法）第五四条に基づいて制定され、高等学校通信教育規程（昭和三七年文部省令第三二号）などに必要な事項が示されている。生徒は普段、自宅や、学校が設置ないしタイアップする学習センターで任意で自学自習する。添削指導とスクーリングが基本であり、試験を受けて単位取得を積み重ね、必要単位を取得することで卒業要件を満たす制度である。高等学校を中途退学した人については、以前に在籍していた学校での修得単位も一定の範囲で認定されるので、通信制へ転学、再入学する生徒も少なくない。転退学者、不登校経験者、そして外国にルーツを持つ生徒など、さまざまな生徒にとって学び直しの機会を得る貴重な制度である。公立の全日制高校が都道府県単位で成り立っているように、公立の通信制高校も基本は都道府県単位で設置されている。複数の都道府県にまたがる広域通信制高等学校は、一九六一年の学校教育法改正によって制度化された。学校法人による広域通信制も増加している。株式会社等による広域通信制高等学校は、二〇〇三年度に構造改革特区法で認められた。

二〇一八年に高等学校に在籍する生徒の数は三二三万五六六一人で、前年からは四万四五八六人も減少している。だが、全日制が三一四万九一五人、定時制が八万五一〇二人といずれも減少したのに対して、通信制課程は一八万六五〇二人と前年より三九八七人増加し、全生徒の五・八パーセントを占めている。高校生の二〇人に一人は通信制高等学校で学んでいるという換算になる。㉖

一方で、繰り返された学校統廃合によって容易に通える地域に学校がなくなった地域、学校が維持できない離島などでは、遠隔教育システムの実証研究が始まっている。㉗これらは義務教育における通信制の導入につながる取り組みである。だが、通信制学校が発展したアメリカの実態

（バーチャルスクール）について、国立教育政策研究所は、「バーチャルスクールが各州の定める教育改革達成指標を満たす割合（二三・六％）が公立学校平均（五一・一％）に対して著しく低いこと、バーチャルスクールの生徒の四年以内の高校卒業率が全米平均より著しく低いこと（七九・四％に対し三七・六％）などから、十分な教育成果の保障という質の点で疑問が呈されている」と分析している。[28] こうしたアメリカの実態を踏まえるならば、通信制によって必要な教育成果が保障できるかには疑問が生じる。通信制高校は拡大しているが、それを義務教育課程にまで広げるには、教育機会の平等の視点から課題が山積しているといえるだろう。学校の統廃合によって生まれる問題については、次の第三章で詳しく見ていきたい。

第三章

消えゆく学校

学校は地域の一つの基盤たり得るか。たり得るとすれば、そのための条件はどのように考えられるか。小さな子どもの足で通える距離に小さな学校がある。そんなわたしたちの学校の光景が明治以来続いてきた。それが自治体の合併が繰り返されるうちに、遠いところにある比較的大きな学校で勉強することになってしまっていた。

いわゆる平成の大合併を経て加速した学校統廃合の結果、現在、全国の学校数は明治初期を下回る数にまで減少した。だが、学校の維持費などの自治体経営の視点から、統廃合を進める動きは止まることがない。いまや子どもたちはスクールバスや公共交通機関を乗り継いで学校に通わなければならない。もはや統廃合さえできない地域では、オンラインによる遠隔教育へと追い込まれつつある。

消えていく学校は過疎地だけの風景ではない。少子高齢化の影響によって、都心やかつての新興住宅地でも学校統廃合が盛んに行われている。一方で、統廃合でうまれた新しい学校では、小中一貫制やICT環境を売り物にするところが多い。学校はいま、大きく様相を変えつつある。

また、学校運営のすがたも変わってきている。教員をはじめとして、すでに様々な職種が非正規化、あるいは民間委託されている。公設の学校であっても管理運営のすべてを民間に任せるという、アメリカ発の公設民営学校(チャータースクール)の試みも海外では始まっている。

だが、それらは地域の基盤としての学校が目指すべき方向だろうか。皆の生活をよりよくしていくために底上げをすることが公立学校、とくに義務制小中学校の役割である。誰にでも開かれた「普段使いの学び」を学んでいくわたしたちの学校は、地域の人々の身近にあって普段から目のよく届く、開かれた学校であることが大切である。地域に見守られて、小さな足で通える生活圏にある小さな学校の小さな学級で、競争することよりも互いに助け合いながら生きることを学ぶ。新型コロナウイルスの感染拡大は、忘れかけていたその役割を求める気持ちを強めるきっかけとなった。

四〇年ぶりに少人数学級への道が始まろうとしている。その道にはたくさんの課題があるが、学級が少人数化されても、学校までの距離がより遠くになっては意義が薄れる。身近な地域に少人数学校を残し、さらに新たに作っていくという方向に発想を転換するときにきている。

一　地域の中の学校

地域とは子どもにとってどのようなものとして考えたらよいのだろうか。パン屋からは、早朝に焼いたパンの匂いがひろがる。自動車修理工場からは金属性の音も聞こえる。自転車で勤務先に向かう人もいる。子どもと手をつないで歩く親もいる。映画館に入る人もいる。本屋で立ち読みする友人がいる。庭先に座って子どもに声をかける老人たちがいる。そんな息遣いが子どもを目覚めさせるのである。わたしたちの子どもが通う学校への道がそこにある。

アメリカの建築家ルイス・カーンは、「都市とは、その通りを歩いている一人の少年が、彼がいつの日かなりたいと思うものを感じとれる場所でなくてはならない」、と語っていた(1)。新型コロナウイルスの感染拡大に際して大切なことは、災害に対処しているまちの人々の絶望と生き延びる工夫をする姿を、子どもたちが咀嚼するたくさんの機会をもつこと、そして継続して見ることができることではないだろうか。学習指導要領によるカリキュラムにある教育を急ぎ履修させるだけでは、現実を生きる力を創り出すことはできない。教育内容を新たな現実からくみ取ったものに変更することが急務である。学校の学びは重要だが、それは学びのごく一部にしか過ぎない。まちの一部として学校は、なりたいと思うものを感じ取れる場所の一つと考えることが肝要だ。学校教育は自制的である必要がある。個々の資質・能力の違いを大げさにみるのではなく、集団的な学びによって様々な階層、心身の違いを超えて、子どもたちが互いの息遣いの聞こえる距離で共に学んだ経験が、積み重なって共に生きる将来をつくるのである。

加速する学校統廃合

日本の人口は縮小している。一四歳以下の子どもたちは一五一二万人、総人口に占める割合は一二・〇パーセントでしかない(二〇二〇年四月)。とくに首都圏以外では自然減(子どもが生まれない)と社会的な減少(都市部への流出)とが重なってきた。平成の大合併は少子化、過疎化の中の合併であり、連動した文科省の学校統廃合方針に従って学校統廃合も加速した(図3-1)。

二〇二〇年一二月に文部科学省が公開した「学校基本調査」からは、学校数の顕著な減少傾向が読み取れる。平成の大合併と少子化を理由とした学校統廃合政策によって二〇〇〇年代になっても多くの地域で学校が統廃合されてきた結果、学校数の減少は行きつくところまで行きついた様相を呈していたが、二〇二〇年度になって再び減少が加速している。二〇二〇年度の学校基本調査によれば、一年間で二〇一五の小学校、八〇の中学校が減少した。

この二三年間で見れば、公立小学校は四九一五校（二〇・四パーセント）の減少、公立中学校は一二二七校（一一・七パーセント）の減少である。地域別に見れば東京から距離のある地域、その中でも東北、北海道、九州で減少が顕著である。小学校では青森県（四四・五パーセント）、秋田県（四一・六七パーセント）、北海道（三六・五三パーセント）、岩手県（三五・九六パーセント）。中学校では岩手県（三〇・三七パーセント）、山形県（二八・五七パーセント）、北海道（二五・七パーセント）、鹿児島県（二二・二六パーセント）、大分県（二二・一五パーセント）で大幅な減少が見られる。地域によっては小学校が半減近く、中学校でも三割程度減少しているわけであり、教育機会の平等が損なわれていると言わざるを得な

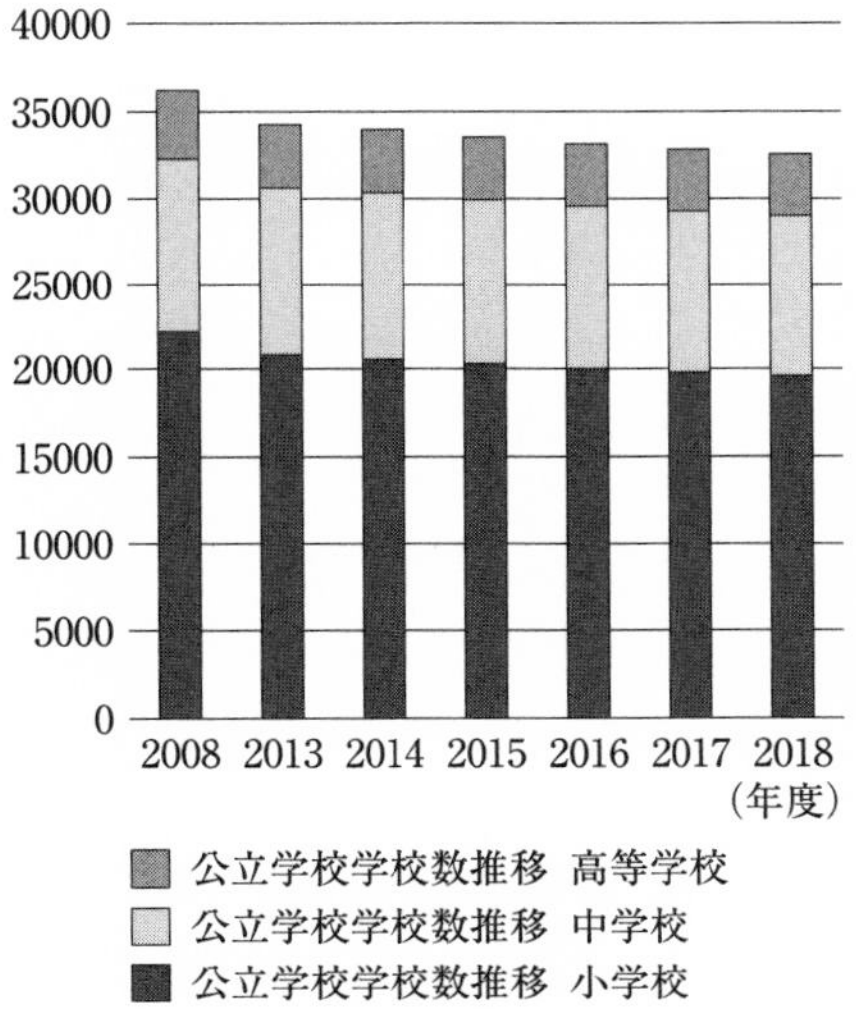

図 3-1　公立学校数の推移

い。また、学校の統廃合がさらなる過疎化を招くという悪循環も生んでいる。[2]

少子化に伴って学校がなくなっていくのはやむを得ないことだろうか。学校は地域の基礎的なインフラストラクチャーとして機能してきた。全国の公立小学校は、明治一〇年代(一八七四年)には二万一七校に達しており、一七一万人の児童が在籍していた。それが二〇一八年には小学校児童六三一万人、学校数一万九五九一校となってしまった。二万校に及ばないという現状は、地域の教育への情熱や、それを支える力量の低下を如実に物語っている。戦後教育の出発点に、東井義雄は、貧しく伝統的価値観が支配する村を捨てて都会に出るための「村を捨てる学力」に対して、生活する場を改革する「村を育てる学力」を提唱していた。[3] 今日では村を捨ててグローバルに羽ばたくことが奨励されてはいないか。だが、その足元では人の住まない地域が拡大し、一部では廃墟のような風景が生まれているのだ。

戦後の学校統廃合

社会学者の若林敬子の整理をもとに、戦後の学校統廃合について見ていこう。[4]

一九五三年に町村合併促進法、五六年に新市町村建設促進法が施行されると、五七年には文部省も「学校統合の手引」を作成し、新市町村への学校の編入・統合を図るようになる。五八年には、学校の規模が「一二学級以上一八学級以下を標準とする」と定められた。[5] だがこの標準規模は、現在では四二パーセントの公立小学校、三一パーセントの公立中学校が達していない。[6] 今日の政策では小学校の四割、中学校の三割以上が統廃合の危機にあるという極めていびつな教育行政となっているのだ。だが、そこには小規模校ほど行き届いた教育指導が可能であるという視点が含まれていない。児童生徒数の拡大期に定めた基準を改め、少子化に対応した新たな標準学級規模を設定する時期に来ている。

「学校統合の手引」では、「通学距離が、小学校にあってはおおむね四キロメートル以内、中学校にあってはおおむね六キロメートル以内であること」が適切な通学範囲とされた。(7) しかし、こうした規模や通学範囲は、子どもの発達段階に応じた根拠をもって定められたというよりも、国から自治体への国庫補助をする場合の条件として定められたものだった。

その後、一九七〇年に過疎地域対策緊急措置法が施行されると、統廃合はいっそう加速することになる。この法律は高度経済成長期における地方から大都市への人口流出を受けて制定されたものだったが、文部省は学校建築への国庫負担の割合を変更することで、統廃合を進めようとした。つまり、学校を統廃合し、新しい校舎をつくる際の補助率を二分の一から三分の二に引き上げ、それまで使ってきた老朽化した校舎を改築する(補助率三分の一)よりもさらに有利としたのである。だが、こうした強引な学校の統廃合は集団登校拒否を含めた住民の厳しい抵抗を各地で引き起こした。こうした抵抗にあって、文部省は一九七三年に「新(Uターン)通達」を出して小規模校の良さを認め、無理な統合を止めるように軌道修正し、七四年には補助率の差も改められた。

この通達によって地域に支えられた安定的な学校運営が一時的に可能となったが、地方の過疎化の勢いは止まらなかったために、それに応じた統廃合は断続的に進められてきた。特に一九九〇年代以降は、少子高齢化の進展に伴い統廃合も再び加速化した。

明治を下回る学校の数

平成の大合併と「地方創生」以降の学校統廃合の現状をみていこう。

文科省は二〇一五年一月の通知で、[8] 一学年一学級未満の複式学級が存在する小規模学校は、へき地、離島などの特別な事情がない限り統合すべきだという見解を出した(表3-1)。複式学級とは、二つ以上の学年をひとまとめにした学級である。小学校では、一年生を含むときは八人以下とし、それ以外では一六人以下、中学校では八人以下という国の基準がある。[9] この基準に沿いながら、自治体はそれぞれの地域性と財力によって複式学級を運営している。なかには、一人でも学年にいる場合には複式学級にしないという措置をとる自治体も存在する。

一方で、フィンランドをはじめとする多くの国や地域では、複式学級は特異なことではない。年長が年下の学習の手助けをすることで理解を深めることができるという積極的な学習効果を評価する意見もある。だが、日本では、文科省をはじめとして、少人数学級では競争原理が働かないために学習効果が出ないという見解が根強く、保護者も含めて「切磋琢磨」を求める傾向にある。

表 3-1　手引にみる学校統廃合のあり方

<table>
<tr><th colspan="3">小学校規模別対応</th><th colspan="3">中学校規模別対応</th></tr>
<tr><th>学校規模</th><th>説明</th><th>対応</th><th>学校規模</th><th>説明</th><th>対応</th></tr>
<tr><td rowspan="3">1～5学級</td><td rowspan="3">複式学級が存在する規模</td><td rowspan="3">統廃合を速やかに検討，困難な場合は別途方策を検討・実施</td><td>1～2学級</td><td>複式学級が存在する規模</td><td>統廃合を速やかに検討，困難な場合は別途方策を検討・実施</td></tr>
<tr><td>3学級</td><td>クラス替えができない規模</td><td>将来，複式学級が見込まれる可能性などを勘案し，上述の対応</td></tr>
<tr><td>4～5学級</td><td>全学年ではクラス替えができる学年が少ない規模</td><td>将来生徒数予測を踏まえ，上述の対応</td></tr>
<tr><td>6学級</td><td>クラス替えができない規模</td><td>将来，複式学級が見込まれる可能性などを勘案し，上述の対応</td><td rowspan="2">6～8学級</td><td rowspan="2">全学年でクラス替えができ，同学年に複数教員を配置できる規模</td><td rowspan="2">学校規模が十分でないことによる課題を整理し，将来生徒数予測を加味した検討</td></tr>
<tr><td>7～8学級</td><td>全学年ではクラス替えができない規模</td><td>将来児童数予測を踏まえ，上述の対応</td></tr>
<tr><td>9～11学級</td><td>半分以上の学年でクラス替えができる規模</td><td>将来児童数予測を加味して，教育環境のあり方を検討</td><td>9～11学級</td><td>全学年でクラス替えができ，同学年で複数教員配置や，免許外指導の解消が可能な規模</td><td>将来生徒数予測を加味した検討</td></tr>
</table>

出典：文科省「公立小学校・中学校の適正規模・適正配置等に関する手引」より作成

二〇一五年の通知では、通学範囲についても新たな設定がされた。小学校で四キロメートル、中学校で六キロメートルという従来の範囲に加えて、おおむね片道一時間以内という時間設定の目安が記載されたのである。これは平成の大合併が生んだ広域学区への対応であり、スクールバスの導入などを求めている。だが、片道一時間の通学というのは、小学校一年生のことを考えてみれば、非常に辛いものであることは容易に理解されよう。

学校教育法第五条は「学校の設置者は、その設置する学校を管理し、法令に特別の定のある場合を除いては、その学校の経費を負担する」と記されている。⑩ 義務教育であれば、市区町村には設置者として学校を管理し、その経費を負担するという重い任務が課せられている。そして、設置者である自治体には、学校を統廃合してもわずかな恩恵しかない。市町村は自主財源で学校運営を担うが、一般補助金である地方交付税交付金を得ている自治体も多い。この交付金を算定する上では、児童生徒数、学級数、学校数を単位とするため、統廃合により学級数や学校数が減ってしまえば、交付金も減少する。

学校を統合し、立派な義務教育学校(小中一貫校)をつくれば、見栄えはいいかもしれない。だがそこにたどり着くために、児童生徒はスクールバスに長時間揺られ、いくつもの山川を越えて通学しなければならない。得をするのは、教職員の人件費を負担する都道府県(政令指定都市)と国だけである。小規模自治体に良いことはないのだ。

また、第一章で述べたことだが、小中学校は災害時の緊急避難所の役割を果たしている。統廃合で身近な地域から学校がなくなる場合、公民館等への避難しか選択肢がなくなり、設備も収容人数も限られてしまう。これは、自治体が住民の安全確保という最低減の役割を放棄していることになる。(11)

政策課題の分析を行なう内閣府は、二〇一七年八月に「公共施設等改革による経済・財政効果について――学校等の公共施設の集約・複合化による財政効果試算、公共サービスの「ソフト化」」というレポートを出した。これを報じた日本経済新聞は「学校集約で二九兆円削減　内閣府が経費試算」(二〇一七年八月二九日)(12)と見出しをつけている。少人数の学校を統廃合したり、他の公共施設と複合化したりすれば、三〇年間で最大二九兆円規模の経費の削減ができると内閣府は試算したのである。一年間で約一兆円の計算である。このようにして、公共施設の延床面積の四~五割を占める学校施設(小中学校建物)が財政効率化の矢面に立たされている。

経済財政諮問会議が決めた「改革工程表(13)」にある「学校規模適正化」では、学校の小規模化について対策を検討している自治体の割合を二〇一八年度に三分の二、二〇二〇年度に一〇〇パーセントとするという工程が示されている。二〇二〇年度に学校数の削減が多かったのは、この工程表の影響も考えられる。

首都圏における小学校など社会的インフラを伴わない再開発

都道府県別で見ると、もっとも多くの学校が消滅したのは北海道である。平成の大合併前の一九九八年には一五六一校あった公立小学校、七五八校あった公立中学校は、二〇二〇年には九九二校、五六六校へとそれぞれ減少してしまった。

だが、学校統廃合は過疎地だけの問題ではない。東京都でも、小学校で一三九六校から一二六七校、中学校で六六二校から六〇九校と、少なくない数の学校が姿を消している。[14] また、同じ首都圏内でも地域間の相違が際立っている。東京ではかつての新興住宅地や多摩地域などが人口減少に転じ、学校数も減少している。

一方で、沿岸部や利便性の高い近郊の人口増加地帯では、子どもたちの急激な増加に学校施設が追いついていない。日本一の政令指定都市である横浜市では、西区のみなとみらい21地区(MM21)に一〇年限定の「みなとみらい本町小学校」が二〇一八年四月に開校した。マンションが相次いで建設され、通学先の本町小学校の教室が足りなくなったためで、二〇二八年三月までの限定で設置するという。効率性のみを追求すればこのような「仮設」の形態に行き着くのであろうが、一〇年限定の学び舎に子どもたちは思い入れを持てるだろうか。

また、東京都中央区は千代田区、港区と並ぶ都心三区であり、二〇〇〇年代の日本社会の変貌を示す東京一極集中を象徴的に体現している自治体である。臨海部を中心に一九九〇年代後半からタワーマンションが乱立し、人口が二〇年間で二倍に増えている。

しかし、社会的インフラは後手を踏んでいる。日本経済新聞は以下のように報じている。「大規模マンションが集中する地域で、教育現場に人口急増のゆがみが生じている。東京都の中央、港など湾岸四区では、公立小学校の新築・増改築費用が二〇〇八～一七年度に計八五六億円に達し、その前の一〇年間の二・二倍に膨張したことが日本経済新聞の調べで分かった。また、八割の学校が児童数に応じた適切な運動場の広さを確保できていないことも判明。住民獲得を急ぐ一方、計画的に公共施設が整備されていない実態が浮かんできた」⑮。このような問題が放置されている状態では、民生重視の自治体運営とは言えない。さらに、「一五年後くらいまでは学校が足りるかあやしい。その先は分からない」と中央区の幹部は語っている⑯。

私立志向の特異地域

ところで、東京都は全国的にみると極めて私立志向の強い地域である。前節で触れた中央区では、二〇一八年度の公立小学校卒業生の都内国立・私立中学校進学率は三七・八二パーセント、文京区では四〇パーセントを超えるなど、二三区では二三・〇九パーセント、最も低い江戸川区でも一〇・四八パーセントになっている。全国平均では一〇パーセント以下であることを考えると、進学率の高さは際立っている。だがその一方で、東京都は子どもの貧困に悩む地域でもある。就学援助率の全国平均が一四・七二パーセント（被災児童生徒を含む）であるのに対し、東京都は一七・二六パーセントと、二・五ポイントほど高い。援助率が最も低いのは一〇パーセント未満の千代田区と目黒区、一五パーセント未満が中央区などの四区あるのに対して、三〇パーセント未満は足立区、墨田区、台東区、板橋区の四区も存在する。東京都は貧富の格差の激しい地域なのである（二三区における住民税と国立・私立中学進学率、および就学援助率の関係は表3-2を参照。ただし、就学援助率は認定基準によっても割合が相違することにも考慮する必要がある）(17)。

二　統廃合の先の戦略

表 3-2　特別区　住民税，国私立中学進学，就学援助

特別区	住民税（千円）	国・私立中進学率（%）	就学援助率
千代田区	15,557,665	32.00	10% 未満
中央区	24,731,369	37.82	15% 未満
港区	70,765,132	39.87	15% 未満
新宿区	41,375,868	34.11	25% 未満
文京区	31,732,656	41.60	15% 未満
台東区	18,073,147	29.99	30% 未満
墨田区	21,453,307	15.32	30% 未満
江東区	46,432,172	26.29	25% 未満
品川区	43,123,219	31.24	20% 未満
目黒区	42,010,070	39.37	10% 未満
大田区	68,535,207	19.63	25% 未満
世田谷区	114,765,146	34.39	15% 未満
渋谷区	46,435,476	35.79	20% 未満
中野区	31,737,138	26.92	20% 未満
杉並区	61,405,586	29.91	20% 未満
豊島区	28,447,064	32.70	20% 未満
北区	26,529,191	21.30	25% 未満
荒川区	15,334,040	23.01	25% 未満
板橋区	41,946,478	16.25	30% 未満
練馬区	62,062,402	17.38	20% 未満
足立区	42,627,071	12.21	30% 未満
葛飾区	29,968,203	11.48	25% 未満
江戸川区	48,128,291	10.48	25% 未満

出典 1：住民税収は 2017 年度決算カード「都内基礎自治体データブック（2018 年度版）」より
出典 2：東京都教育委員会「公立学校統計調査報告書」．区立小学校児童の都内国・私立中学校進学率は 2018 年度
出典 3：2018 年度就学援助率は文科省「平成 30 年度就学援助の実施状況（市町村実施状況）」

人口減少と学校教育との関係について、どのような議論がなされてきたのであろうか。国立教育政策研究所（国研）の報告と、経済学者の根本祐二の提言を比較しながら、その様相を見ていきたい。

まず、国研が二〇一四年に発表した報告を取り上げたい。この報告書の特徴は、これまでの学校統廃合政策が限界に達していることを指摘した点である。⑱ そうした限界を超える方策として、市町村を超えた圏域化、フルスペック・スクール（拠点校）とパーシャル・スクール（集落対応型小規模学習拠点）の分離、および両者の間のネットワークの構築が提案されている。

報告書では、二〇四〇年に五〜一四歳人口が二〇一〇年の半数以下となる市町村は全国で四一・一パーセントに上り、少子化は一段と進行することを予測している。さらに、一学年当たりの児童生徒数が三〇人未満となる市町村は全国で二二・四パーセントになると予測している。実際に、一つの市町村内に一つの小学校、一つの中学校（または一義務教育学校）しか存在しない自治体は、二〇一九年の段階でも全国で二三三自治体、全体の一三・三パーセントにのぼっている。⑲ また、二〇〇六〜〇八年に統合した小中学校で二〇〇九年の児童生徒数が一〇〇人未満の学校は二五・五パーセント、一〇〇人以上二〇〇人未満は三〇・九パーセントを占める。苛烈な統廃合を進めてきたにもかかわらず、小学校の標準規模の下限を満たす学校は約半数に過ぎないのだ。統廃合は限界を迎えつつある。

二〇一五年の文科省の手引では、合併ができずに小規模校として存続する場合の方策として、小中一貫教育の導入、山村留学・小規模特認校制度とともに、デジタル教育の活用が挙げられていた。このうち、小規模特認校制度学校とは、小規模校の特性を生かした教育活動を推進している小中学校に更に特色を持たせるとともに、そのような小規模校において教育を受けさせたいという保護者の希望に応えるため、通学区域外からの入学を特別に認める制度である。二〇一八年には全国で四七四校が存在する⑳。

だが、このような制度を駆使しても、将来的には学校が成り立つ児童生徒数の確保が困難な地域が多くなることが予想される。そこで報告書では、次の一手として、近隣の複数市町村を圏域としてまとめ、その圏域ごとに教育行政を実施し、物件費、人件費などを抑制するという方策が示された。これが教育の圏域化である。

もう一つは、学校をフルスペック・スクール（拠点校）とパーシャル・スクール（集落対応型小規模学習拠点）に分け、ネットワークでつなぐという方策である。すべての学校に教育を実施するための設備・人員を配置するのではなく、機能を完備した拠点校と機能を限定した小規模学習拠点を分けることで効率的な教育を行うというものだ。言ってみれば、今までもあった本校・分校を現代的に言い直したものである。

また、第二章で触れたように、ＩＣＴの利用は教育内容だけでなく、学校運営の面でも進められている。教務系、保健系などの統合型校務支援システムの導入は学校単位ではコスト面で非効率的とされ、市町村を超えて都道府県ごとの共同利用が進んでいる。国全体での統一的運用という段階も近いだろう。こうした動きと教育の圏域化、フルスペック／パーシャル・スクールの分化とが組み合わされれば、地方における教育行政全体が統合されていくことになる。先行するように学校事務の共同実施は全国に拡大している（都道府県で三八・三パーセント、政令指定都市で七〇・〇パーセント、市区町村で六三・八パーセントが実施中[21]）。

だが、報告書が提案するこうした方策の是非を検討する前に、そもそも報告書がどのような前提をもとに教育の実態を把握しているのかを見直す必要がある。つまり、二〇一四年になっても一九五八年に設定された「一二学級以上一八学級以下を標準とする」という半世紀以上前の基準に依拠しているという問題である。少子化という今日の状況に合わせ、学校の標準規模を半分以下にするといった大胆な改善が必要ではないだろうか。後に詳述するように、二〇二一年度の政府予算では四〇年ぶりに小学校で三五人学級に踏み出した。しかし少人数化の効果を求めるなら、少人数学級だけではなく、少人数学校を同時に構想することが必要である。

教育における「地方消滅」予想

元岩手県知事の増田寛也は著書『地方消滅』で、東京一極集中の結果として、今後八九六自治体が消滅しかねないと警鐘を鳴らした[22]。経済学者の根本祐二が発表した「学校統廃合シミュレーション」は、増田の『地方消滅』を教育に当てはめたものである。

根本はＰＰＰ（パブリック・プライベート・パートナーシップ：公民連携）の専門家として知られる。

ＰＰＰとは、「公民が連携して公共サービスの提供を行うスキーム」であり、その代表的な事例はアメリカのサンディ・スプリングス市とされる。サンディ・スプリングス市は基本的に全ての行政を民営化している（ただし、アメリカの公教育制度は大都市を除いて自治体に含まれず、独自の財源（教育税）と独自の公選制教育行政制度（教育委員会制度）をもつため、サンディ・スプリングス市の事例でも学校の話題は出てこない）。

根本のシミュレーションの主眼は、将来の児童生徒数の減少を現在の三割減と見込み、学校適正規模を一八学級（小学校六九〇人、中学校七二〇人）とすると、小学校は三分の一しか残らず、義務教育の学校がまったく存在しない自治体が小学校で八五一、中学校で一〇一一も発生するという点にある。[23]

この予想の前提となるのは、将来の児童生徒数の減少を三割と仮定したこと、そして学校の適正規模として一八学級を選んだことである。だが、国研の報告書と同様に、一八学級という設定は、半世紀前の発想に引きずられている。この設定のために、小学校で六七・一パーセント、中学校で六八・二パーセントという非常に高い学校減少率が導かれてしまう。そして、少子化に応じて早い段階から統廃合に手を打っていれば、減少率はここまで大きくならなかっただろうとするのである。

こうした急激な消滅現象に対して、根本は「学校施設を保有する方式ではなく、ＩｏＴを用いる新しい方式もありうる」としている。ほかの公共施設も拠点への集約を行い、多くの住民が集う場を作ることで、需要がまとまり民間も投資しやすい環境になる。さらに特徴的なのは、こうした拠点に「通う」という手段だけではなく、ＩｏＴや教育デリバリーなどの代替サービスも組み合わせるという提案を行なっている点である。「分校などの学校施設を建築するのではなく、地元住民が所有管理する集落の集会所に子どもたちを集めて通常はテレビ会議システムで教育を行うとともに、週末や長期休暇を使って本校までバスで移動し集合教育を受けるという方式も考えられる。その時点で本校が地域の拠点として宿泊機能も有していれば宿泊型の集合教育も可能になる」という。

国研の報告書が学校統廃合の行き詰まりを指摘していたのに対して、根本は統廃合をより加速させるべきだと主張している。その上で、統廃合だけでは対処できない場合には、情報ネットワークによる遠隔オンライン教育によって代替すればよいという考えである。

少人数学級への動き

二〇二一年度予算は、新型コロナウイルス拡大を受けて、今後の国の在り方を財政から明らかにする重要な編成となった。文教予算では、二〇二〇年度補正予算で一気に進んだＧＩＧＡスクールとともに、四〇年ぶりとなった少人数学級への予算化が特徴となっている。少人数学級により、公立義務制の学校はどのように変わるのだろうか。学級規模の課題と、それをベースとする学校規模の課題を考えたい。

義務標準法は、公立の小中学校で一学級の上限を四〇人と決めている。四〇人学級（小学校一年だけは三五人学級）と呼ばれているものだ。文科省は長年にわたって少人数学級を求めてきたが、財務省を説得するに至らなかった。㉔だが、二〇二一年度の予算編成では、新型コロナウイルス感染拡大を防ぐためには学級内で密を避ける必要があるという新たな根拠と、教員が一人一人の児童生徒に目が行き届いた教育を行うためという従来の根拠を示した。その結果、小学校二年生からの三五人学級（二〇二一年度には一六億円をかけて教職員を七四四人増やす）を段階的に実施することが予算に盛り込まれた。法も改正され、二〇二五年度までに全ての小学校で三五人学級が実現する。完成を目指す二〇二五年度までに、少子化による自然減を考慮しても、教職員は一万三五七四人の増員となる見込みである。㉕だが、都市部以外の全国の小学校の九割はすでに一学級三五人以下であり、改善の効果は限定的だと言わざるを得ない。

公立中学校については、現行の四〇人学級が維持される。同一規模の教室の大きさであることを考えてみれば、体格がより大きな中学生のほうが、教室がより密な空間となることは明らかだろう。新型コロナウイルス対策を掲げるのであれば、中学校を優先した三五人学級とするべきではなかったか。また、学校自体を少人数規模にしなければ、全体として密な構造は変わらないはずだ。

中学校が優先されなかったことは、感染症対策ではなく、よりきめの細かな指導を行うことが重視された結果だと思われる。だが、一人一人の子どもへのきめの細かな指導とは何を意味するのか。二〇二一年一月の中教審答申にそれが示されている。[26] 答申では、自治体内の、あるいは自治体を越えた連携が提案されている。また、小規模校を残す場合もＩＣＴを活用した遠隔合同授業の取り組みや、小学校の低・中学年は分校、高学年は教科担任制として（小規模校では教科ごとの教員確保が大変なため）本校や近隣の学校へ児童を集中させることも提案されている。オンライン教育の環境を整備し、それを自在に使いこなす教員が必須となる。[27]

三　公教育の市場規模

公立学校が地域から消えていくことは、統廃合によって物理的になくなるということだけを指すのではない。学校改革の中で、自治体が運営、管理する公設公営の学校が消えていくことも意味している。

教育をめぐる財政規模を検討してみよう。二〇一六年度の文科省予算は全体で五兆三二一六億円、そのうち文教関係予算は四兆五五七億円であった。最大のウェイトを占めるのは小中学校の教職員人件費であり、その三分の一を担う義務教育費国庫負担金は一兆五二七一億円である。

他方で、民間の教育産業は合計で二兆五一六二億円の市場規模である。[28] そのうち、学習塾・予備校が前年度から〇・五パーセント増の九六二〇億円、英会話・語学学校は一・〇パーセント増の三一三〇億円となっている。これは、二〇二〇年度からの学習指導要領では小学校高学年で英語が教科化されること、そして大学入試に英語四技能試験(読む、聞く、書く、話す)が導入されることが影響している。

通信教育市場は年々縮小しており二〇一一億円(前年度比七・九パーセント減)だが、代わってeラーニング市場は年々拡大し一七六七億円(前年度比六・六パーセント増)となっている。国の教育政策は公教育だけではなく、民間教育市場の動向をも左右しているのである。このような文教予算と民間教育産業は、合計すると六兆五七一九億円の規模となっている。二兆五〇〇〇億円の市場で凌ぎを削る民間教育産業にとっては、四兆円の規模を持つ公教育が規制緩和され、新規に市場化されることは非常に魅力的に映るはずだ。

二〇二〇年度補正予算によって二〇二〇年度内に教育デジタル環境整備、そしてデジタル教育の実施のためのICT支援員を四校に一名配置すること、またGIGAスクールサポーターの設置など様々な需要が喚起され、「令和時代の学校スタンダード」は民間への大規模な市場開放、民間依存を前提とするに至っている。

さまざまな学校形態

一概に教育の市場化といっても、学校運営を市場化・民営化することと、授業などの教育活動を市場化・民営化することは分けて考える必要があるだろう。本書では、学校運営の市場化・民営化について主に取り上げることにする。

日本では、公教育は主として公立学校で実施されている。公立学校は公設公営であり、公的な財政支出は自治体(教育委員会)を介して学校へ支出されるという行財政システムである。学校の設置者となるのは、主に義務教育では市区町村、高等学校では都道府県、高等教育では国や自治体である。一方で、私立学校のほとんどは学校法人であり(規制緩和により、一部では株式会社が運営する学校も存在する)、民設民営であるが利益追求を目的としていない。そのために私学助成という国からの財政補助が行われている(ただし株式会社立学校には助成は行われていない)。ここまでが一般的に目にする学校のかたちだろう。だが、世界の学校形態を概観すると、日本ではなじみのないものも存在する。いくつか紹介しよう。

公設民営学校は一九九〇年代にアメリカで生まれた形態である。官僚的な公立学校のあり方に疑問を持つ保護者や教員が仲間を集め、自分の子どもたちのために学校を作ったのが始まりだとされる。私的に運営される学校に対し、自治体や教育委員会は認可(チャーター)を与え、契約を履行することを条件に、公的財政支出をするという形態である。主にアメリカ(チャータースクール)、イギリス(アカデミー、フリースクール)、スウェーデン(フリースクール)の三カ国で広まっている。アメリカの場合は、こうした形態が定着したことで、教育産業の参入をまねき、学校がチェーン展開されるようになった[29]。

教育バウチャーは、公設公営、民設民営にかかわらず、学校を選んだ個人へクーポン券などのかたちで公的財政から補助を行う制度であり、教育学者のダミアン・ラヴィッチによれば、アメリカのいくつかの州で広がっている。[30] この個人補助型の制度には、アメリカの特殊な教育状況が反映されている。アメリカでは私立学校は四分の一近くを占め、その六八・一パーセントは宗教系である。[31] そのため連邦憲法修正第一条（州にも適用される）に定める政教分離に反するのではないかとの疑いから、私立学校への公的補助は一般的に行われていない。国民形成のためにある公教育に、宗教的な教育を持ち込むことは趣旨にそぐわないという理由からである。ちなみに日本でも、憲法第八九条に、宗教上の組織や団体には公の財産を支出・使用をさせてはならないことが記されている。

だが、教育バウチャー制度はこうした連邦憲法の規定をかい潜る。発案者は経済学者のミルトン・フリードマンとされる。[32] 公的支出を個人（保護者）に給付し、教育の元手に使うことにすれば、学校選択は個人の自由であるため、子どもが私立学校に進学して国の支出が私立学校へ流れたとしても、憲法が禁止する公的な財政支援にはあたらないという理屈である。だが、保護者の資産に加えて公的補助を使って学校選択を行うようになれば、資産を持つものが有利であることは明らかである。

ホームスクーリング

ホームスクーリングは、先にみた国研の報告書によれば、二〇一〇年にアメリカでは二〇〇万人が参加するなど、近年拡大している教育制度である。報告書によれば、「ホームスクーリングは、義務教育を含む初等中等教育を基本的に自宅を拠点として学習するものであるが、自宅以外でも、図書館や他のホームスクール学習者とのグループ学習、特定の教科に関して学校でのパートタイム就学を行うなど、様々な形態により実施されている。その規制も州によって、年間最低一八〇日以上基本教科に関する指導を行うこと以外に要件を定めないような緩やかなものから、学区への通知や学習記録の報告、州内統一の学力テストの受験等を課す厳格なものまで多様となっている。このようなホームスクーリングを行う者（ホームスクーラー）に対し、公立学校・学区は、課外活動への参加機会の提供、カリキュラム面での支援、本や教材の支援などを行っている。

二〇〇七年の連邦教育省の調査によれば、五～一七歳の就学年齢人口に対し、公立学校在学者は八五・六％、私立学校在学者は一一・四％であるのに対し、ホームスクーラーの数は推計で約一五一万人、就学年齢人口の二・九％と過去最大規模となっている（全米家庭教育研究所（ＮＨＥＲＩ）の統計によれば、二〇一〇年時点で二〇〇万人を超え、就学年齢人口の三・八％、公立・私立学校の児童数が二〇〇七年から二〇一〇年にかけて年間約〇・六％しか増加しなかったのに対して、ホームスクール人口は年間約七％以上の勢いで伸びている）。うち、小中学校段階に当たる八年生までの人口は、九六万人であり、一～八年生に当たる人口の三・〇％を占めている」という。

このホームスクーリングを選択した理由として、一四パーセントの家庭が学校との通学距離を挙げている。アメリカでも学校統廃合が盛んなため、二〇一〇～一一年の一年間で一〇七三校の小学校、四三六校の中等教育学校が閉鎖された。報告書では、「近年では、インターネットの爆発的な普及がホームスクーリングを大きく後押ししている。現在、インターネット経由で教材などを容易に購入できるばかりでなく、多種多様な教育プログラムが提供されている中から、子供の適性や家庭の価値観に沿った内容の教育を個別に受けることが可能である」と分析をしている。

バーチャルスクール

ホームスクーリングを発展させたものがバーチャルスクール（通信制学校）である。報告書によれば、バーチャルスクールは、「インターネットなどの電気的通信手段でカリキュラムを提供する学校であり、私立学校やチャータースクール、学区、さらには州による運営のものなど多様な形態で運営されている。バーチャルスクールは当初高等教育を対象として始まったが、学力向上のために多様な教育機会の提供を目指す教育改革を背景として、初等中等教育段階を対象とするものが九〇年代に導入されるようになった。二〇一三年度にはフルタイムのバーチャルスクールは三一一校となっており、バーチャルスクールを運営する州も二五州となっている。州運営のバーチャルスクールが対象とするレベルはハイスクールレベルが大半である。バーチャルスクールはチャーターの交付を受けて公費で運営されるものが多いが、このチャーター・バーチャル・スクールは、学区又は州運営のバーチャルスクールに比べると、より義務教育段階の生徒を対象とする傾向がある[33]」。

このように通信制学校はチャータースクールの一種とされるため、公的補助がされるが、既存の学校のように物件費と人件費がかからないため、利益率はより高い。いわば、究極の利益至上型の学校経営とみなすこともできる。ラヴィッチは、チャータースクールの動きを、「企業型教育改革（Corporate Reform）」と呼んでいる。そのなかでもホームスクールや不登校児童生徒を対象とするＩＣＴ活用の通信制公設民営学校を、最も利益率が高いと指摘している(34)。

日本の高校で実施されている通信制学校は、教育を受けられない環境にある青年に対して夜間高校と並んで教育を受ける機会を保障するための制度として、戦後長きにわたって機能してきた。それが、近年、多様な教育機会の確保の一つとして変容してきている。テキスト等も紙ベースだけではなく、ネット回線を利用した遠隔オンライン教育が活用されている。

日本とアメリカでは、教育を受ける権利が学校への就学義務と同一ではなかったという歴史的な経緯や、私立助成制度がないことなど、教育制度の根本から異なっている。にもかかわらず、教育における規制緩和政策はアメリカとの違いを埋めようとしている。

二〇一九年には一九万七六九六人（五・九パーセント）と、高校生の二〇人に一人が就学するまでに拡大してきた通信制高校は、株式会社立も含めた多種多様な形で設立されている。現在の流れが止まらなければ、こうした通信制が義務教育にも適用されるようになるはずだ。さらに考えれば、「分校」的な施設に登校する義務はあるのか。自宅でもオンライン教育ができれば、ホームスクーリングを選択する家庭は多いはずだ。

就学義務とは何か

日本では、義務教育は学校への就学義務によって成り立ってきた。日本の法制度では保護者が子に普通教育を受けさせる義務を負うが、学校教育法第一七条にあるように、それは学校に就学させる義務を負うことに等しい。ただ、日本でも学校の集団生活になじめず登校できない、あるいは積極的に学校を拒否する等の理由により、不登校児童生徒数は小学校五万三三五〇人、中学校一二万七九三二人、高等学校五万一〇〇人となっている[35]。

そのなかには、アメリカのチャータースクール創始期のように、教育機会の多様化要求から、多様な学習の機会を権利として保障することを求める考え方もある。学校に就学する義務の考え方の見直しが始まっている。二〇一六年には教育機会確保法が公布された[36]。そこでは、教育機会の「平等」から教育機会の「確保」へと発想が転換されている。

教育機会の平等のために義務教育があるという、これまでの自明性が薄らいでいる。だが、不登校児童生徒を生み出すような学校教育が問題なのか、学校を前提とする公教育制度が問題なのか、あるいは国民国家形成のための公教育制度そのものが問題なのかを区分して問い直す必要がある。

教育への考え方は、これまで国対私(家族)という図式のなかで、問題を設定しがちであった。だが、地域や社会とのかかわりを図式の中に介在させるべきではないだろうか。地域や社会という視点がない教育は、市場化・産業化を容易に招く危険性を孕んでいるように思われる。

では、なぜ日本の教育はこのような危険な方向へと進んでいくのか。教育学者の元井一郎は「私教育の組織化としての公教育の成立」という教育観は、「近代国家の支配構造を精確に捉えないところに起因する理論的誤謬である」と指摘している。[37] なぜならば、「近代国家は、市民社会の自由で自立した個人の経済活動が生み出す諸矛盾を国民国家が総括することを通して国家を媒介とした依存関係を構築する」からである。元井によれば、「近代学校は、子どもの自然成長的な協働的な学びを否定して、国家による規律的な教育活動を本質とする」ということを覆い隠すものなのだ。

だが、近年の新自由主義は規制緩和によって近代国家の役割を限定しつつある。教育機会確保法もまた、そうした流れの中で成立したものである。その背景には、教育の国家統制を脱却して、教育産業として公私とも競争原理を働かせれば、児童生徒の多様な資質・能力(保護者の資産や社会的地位もその要素の一つ)を開花させられるのではないかという期待がある。だがそうした期待は、国家による管理ではなく、情報のコントロールによる統制を、自由になったことだと勘違いすることから生じているのではないか。

このような事態に危機感を持つ教育学者の広瀬義徳は、公教育への教育産業の参入について、「自由な教育市場に、益々その個別化・多様化要求への応答を譲渡してしまえば、私的空間に位置する家族の影響力による社会的不平等が拡大するリスクはより高まらないかが問題となる」と批判している。[38]

学校を市場化、民営化する

安倍前政権が進めたアベノミクスの中核に位置付けられた国家戦略特区構想は、産業の国際競争力の強化と国際的な経済活動の拠点を形成することを目的としていた。地域や分野を限定することで、大胆な規制・制度の緩和や税制面の優遇を行う規制改革制度である。この国家戦略特区構想のなかには、公立学校の民間開放も掲げられていた。この公設民営学校は二〇一五年から設置が可能となったが、大阪市はそれに応じ、グローバル人材の育成を目的に掲げて、大阪市立水都国際中学校・高等学校という中等教育学校(中高一貫校)を開設した。大阪市が設置し、運営を非営利法人である「指定公立国際教育学校等管理法人(指定管理法人)」に委ねている。日本国内の大学への進学だけでなく、国際バカロレア(海外大学への進学が容易になるとされる認証制度)にも対応できるような教育を目指すという。

公設民営学校は、自治体が財政も含めて管理し、運営は民間が行うものである。公立学校であるため、教育は学習指導要領に沿って行われるが、他方では国際バカロレアコースが設置されるなど、国際化に向けた様々な仕掛けが予定されている。ネイティヴ教員による実践的な英語教育、問題を発見・解決する能力を育むための課題探求型授業などである。また、中学校の教職員は公務員ではないにもかかわらず、「みなし公務員」として義務教育費国庫負担の対象となる。大阪市を介して人件費の三分の一に国費の投入がされている。

指定管理法人に指定され運営を請け負ったのは学校法人大阪YMCAである。学校法人大阪YMCAは、公益財団法人大阪YMCAを母体として設立されている。YMCA(Young Men's Christian Association: キリスト教青年会)は、世界一二〇カ国以上に組織を持つ団体である。いわば国際的な教育団体に関連している。大阪湾に黒船が来たと言えないだろうか。

深刻化する子どもの貧困

だが、このような公教育の市場化は、果たして教育機会の平等につながっているのか疑問である。遠回りな議論だと感じられるかもしれないが、深刻化する子どもの貧困の現状について触れておきたい。

現在、日本人の六・五人に一人が相対的貧困状態にあるとされる。子どもをもつ貧困世帯には就学援助制度があり、第四章・第五章で詳しく触れるように、学校給食費や補助教材費などについては自治体が補助している。なかには入学に必要な制服やランドセルなどの学用品購入のための援助もある。文科省によれば、この就学援助率は二〇一九年度で一四・七二パーセントである。だが、先ほど述べた東京都の一七・二六パーセントの他、高知県をはじめ七つの府県では二〇パーセントを超えている。

表3-3には教育福祉へのアプローチの違いを、表3-4には現状をまとめた。

生活保護制度における子どもの就学支援は、義務教育段階における教育扶助と、高校等に就学するための費用を支給する生業扶助の二つがある。また、生活保護にはあたらないが、準要保護とされる世帯への教育保障に特化した就学援助制度も存在する。生活保護は厚労省が所管し、自治体では福祉事務所が担当する。準要保護とされる世帯への就学援助は文科省が所管し、自治体では教育委員会が担当する。こうした縦割りの行政機構が、子どもの貧困に統一的な対策を講じることを困難にしている。

また、生活保護における教育扶助と、準要保護における就学援助という違いもある。例えば認定基準である。準要保護者への就学援助は、一般的に生活保護の所得水準を基準として、所得の倍率によって認定が行われる。この倍率は自治体ごとに設定されているが、全国的には一・三〜一・五倍が多い。大阪市では倍率が一・〇倍であり、生活保護水準と変わらない。だが、生活保護の認定が所得だけではなく資産(例えば、持ち家、自家用車の所有などが不可の判断要因となる場合もある)や親族の扶養義務者も判断材料にする一方で、準要保護における就学援助は原則として所得しか判断材料にしないため、より広い範囲で適用されている。しかも、ネグレクトのために手続きされない場合や、DVを逃れて住所を明らかにできないために所得証明が取れない場合でも、教育委員会の判断で認定が可能とされている。

こうした状況のなか、二〇一三年に「子どもの貧困対策の推進に関する法律」が採択され、二〇一四年には政府が「子供の貧困対策に関する大綱」を定めた。これらの政策、あるいはそれに準じてつくられた自治体独自の対策計画の特徴は、これまでの貧困対策、特に生活保護や就学援

表 3-3　教育福祉への視点

項目	説　明	内　容	備　考
普遍主義	公(義務)教育無償．誰もが貧富の差，性別，人種，民族，門閥に関係なく平等に生きること．	授業料，教科書無償．義務教育の完全無償(早川町など 11 自治体)．給食費無償化 146 自治体．	憲法第 26 条第 2 項
選別主義	条件を付けるミーンズテスト(資力調査)あり．劣等処遇．スティグマ．	生活保護(教育扶助 11 万人)．就学援助(137 万人)．高校授業料(世帯所得 910 万円制限)，2020 年 4 月から高等教育での授業料等減免，奨学金拡大．	教基法第 5 条第 4 項，同法第 4 条第 3 項

表 3-4　教育福祉の現状

	要保護児童生徒	準要保護児童生徒	学業保障	生活保障
義務教育	教育扶助	就学援助	授業料，教科書無償	生活保護(生活扶助等)
高校等	生業扶助(高等学校就学費)※2005 年度より	――	授業料無償	生活保護(生活扶助等)，奨学金(給付型)

助での改善ではなく、貧困の世代間連鎖を断つための学習活動に重点が置かれたことにある。「子どもの貧困対策の推進に関する法律」は一六条からなり、貧困の状態にある子どもが健やかに育成される環境を整備し、教育機会の平等を図るために、教育の支援、生活の支援、就労の支援、経済的支援などを国と自治体がするとしている。

この大綱では教育の支援に関して、「「学校」を子供の貧困対策のプラットフォームと位置付けて総合的に対策を推進するとともに、教育費負担の軽減を図る」としている。学校を貧困対策のプラットホームとすることは優れた視点だが、現状では非正規のスクールカウンセラーやスクールソーシャルワーカーの配置にとどまっており、子どもと接する機会の多い教職員には十分な理解が得られていないことに問題がある。たとえば、文科省の二〇一四年調査でも、教職員向け説明会の開催が一二七自治体（全体の七・二パーセント）にとどまっているなど、理解を広げるような研修も十分には行われていない[39]。

その後、二〇一九年六月になって子どもの貧困対策の推進に関する法律が改正された。改正のポイントは将来の貧困の連鎖を断ち切ることだけでなく、現在の状況の改善も目指すことにある。また、改正を踏まえて定められた新たな大綱では、貧困状態を把握するための三九の指標が設定された。この中には食料の確保に困った経験や、公共料金の滞納といった指標も含まれている。詳細な実態調査を実施することにより、新型コロナウイルス感染拡大によって生活苦の深まるなかで、自治体ごとに子どもの貧困の実態が明らかになることが期待される。

子どもの貧困対策では、現在の教育環境の困難さの改善、つまり生活保護と就学援助制度の改善、あるいは高等学校の授業料無償化の改善が最優先課題となるだろう[40]。子どもの貧困を測る指標は、絶対的な貧困であっても相対的な貧困であっても、根本は経済的な貧困であり、文化的、心理的な要素をそれに加味して対策を講じることが大切なのである。

子どもの貧困対策をすすめる主体には、数値に現れない実情を知っている身近な自治体が最適である。「子供の貧困対策のプラットフォーム」と位置付けられた学校が生活圏からなくなるということは、子どもの日々の息遣いや態度を感じとって、すぐに対応する手段がなくなることでもある。学校の消滅によって、このような事態になることは避けなければならない。

第四章

変わる学校給食

子どもの「食」はどうしたら保障できるのか。新型コロナウイルスによる一斉休校は、学校によって成り立っていた子どもの日常を揺るがせ、また、学校給食を当然としていた保護者に不意打ちを与えることになった。

こうした事態に対して、立ち上がったのは教職員、そして自治体や地域の人々であった。ある地域では教職員が給食代わりの弁当をもって希望する子どもの家を訪ね、併せて子どもの様子も確認した。また、他の地域では商店街が給食をつくった。また、学校給食を無償化した自治体は、年度内の無償化が全国で三〇自治体、臨時休業期間中などの一定期間が一二七自治体、合わせて全市区町村の九・〇パーセントに上った。そのほかに、就学援助世帯への学校給食の無償化は七七自治体、臨時給付金等を給付したのは七二自治体で、合わせて八・六パーセントの市区町村が就学援助世帯への給食援助を実施している。一割近い自治体が、予測不可能な事態の中で、このような取り組みを行ったことは素晴らしいことと評価できよう。すでに学校給食を無償化していた自治体では、その分の給付を行ったところもある。だが、それでも通常のような学校給食が、全国で提供されなかったことは事実である。次のステップに向けた改善の機運を逃してはならない。

日本は学校教育の一環として学校給食が実施されている、世界でもめずらしい国である。近年では地産地消の一環として有機農法や自然栽培による安全な食材を使用したり、アレルギー対策を充実させる動きも広がっている。また、宗教上の理由によって忌避される食材や調理方法に関しても対応が検討されている。これからの学校給食には、食の中身や食中毒を防ぐ衛生対策だけではなく、気持ちよく会食するための互いへの心遣いなど、多岐にわたる課題がある。ゆっくりと味わって食べる時間の確保も、課題の一つであろう。そのような課題を克服し、おいしく安全な給食を自校給食で作り、そして食べる環境を広げていかなければならない。給食の作り手についても、自治体の直営で本採用の公務員として、身近で長期にわたって関与できるような体制が求められている。

これまで保護者から直接徴収していた学校給食費（食材費）を、地方自治法にのっとって公会計化処理する取り組みや、教育としての学校給食を重視し、無償化する動きも急速に広がっている。学校給食費が完全無償化されている市区町村は全国で一六一に及び、一部補助を含めれば三割近い市区町村で改善が行われている。地方の実績が積み重ねられていることを尊重し、今後は国の政策として学校給食無償化に乗り出す段階にきている。それは教育の一環として実施される学校給食に使われる食材は教材でもあるからである。

このように子どもの食の保障は、様々な要素で成り立っている。アフター・コロナの学校の条件整備として、すぐに着手できるアプローチはどのようなものが考えられるのだろうか。

一　一斉休校と学校給食

新型コロナウイルスの感染拡大による一斉休校によって、学校給食がなくなり、児童生徒と保護者には混乱が広がった。

筆者が主宰する教育行財政研究所が二〇二〇年六月にまとめた「コロナ禍対策に伴う保護者負担軽減調査」によれば、こうした混乱に対して、二〇二〇年度内の学校給食費を無償化した自治体は三〇、臨時休業期間中などの一定期間の無償化をした自治体は一二七、合わせて全自治体の九・〇パーセントに上った。地域別でみると、特に高いのは山梨県の四四・四パーセント、大阪府の三四・九パーセント、愛知県の三三・三パーセントなどである。すでに学校給食費を無償化していた千葉県多古町や群馬県草津町では、その相当額を給付に回した。和歌山県太地町では、小中学校と認定こども園で希望する子どもには教職員が手分けして給食代わりの弁当を配布し、その際に生活の様子を確認した。神奈川県藤沢市では五四校の小中学校で、生活に困窮していたり、保護者が仕事を休めない世帯を対象に学校教職員が一〇〇円の軽食を提供した。埼玉県杉戸町では「杉戸町飲食店応援緊急プロジェクト」が、必要とする児童生徒に町内の飲食店が調理した弁当を公民館で無料配布した。

また、就学援助世帯への学校給食費の無償化は七七自治体、臨時給付金等の給付は七二自治体、合わせて全国で八・六パーセントの自治体が実施していた。こちらは愛知県の三七・〇パーセント、埼玉県の三〇・二パーセント、東京都の二四・二パーセントが目立つ。さらに感染拡大が止まらない状況において、我々が調査を行った後でも、保護者負担軽減事業を継続する自治体が相当数ある。

こうした動きが全国で起きたのは、地域の子どもたちを「わたしたちの子ども」として、地域の学校を「わたしたちの学校」として考えていたからである。地域の子どもを気にかけながら自治体が運営されていた証左といえよう。準備も整わない中で約一割の自治体が財政を伴う事業を実施したことは大きく、アフター・コロナの学校の条件の方向性を指し示している。

二　学校給食の現在

学校給食の歴史

そもそも、どのような経緯によって、ほとんどの地域の公立小学校、中学校で給食が広まることになったのだろうか。

学校給食は一八八九年、山形県鶴岡市の仏教各宗派協同忠愛協会によって設立された私立忠愛小学校で、貧困児童を対象に無償で始まったといわれている。そこでは同時に学用品の無償支給も行われた。その後、一九三二年に政府は「学校給食臨時施設方法」(昭和七年文部省訓令第一八号)を出した。その当時は一九二九年のウォール街大暴落からはじまる世界恐慌に起因する窮迫のため、昼食を欠く、あるいは粗悪な食事しか取れない児童の健康状態が悪化していた。そのようななか、学校給食の支給は、就学を奨励するために行われた。対象児童は校長が選び、交付金の目安となる食費(調理費も含む)は一食分四銭、学校が実施しない場合は、適当な公益団体に委託することも可能とされた。この訓令一八号による欠食児童への給食は、一九三五年をピークに、六五万人の児童に及んだ(当時の失業者は三〇〇万人を超えていた)。

学校給食はその後、総力戦体制のなかで丈夫な兵士を育てることに目的を変え、欠食児童以外にも普及していく。一九四〇年に定められた「学校給食奨励規程」には、「小学校児童ノ栄養ヲ改善シ体位ノ向上ヲ期スルハ国民教育ノ本旨ニ鑑ミ喫緊ノ要務ナリ」と書かれている。

だが、戦中末期になると学校では授業がまともにおこなえず、校庭を耕し、学校に竈を築き、母親を動員して握り飯を児童に手渡すような状態となる。敗戦後も食糧事情は悪化の一途を辿った。一九四六年一月の文部省通達「学校衛生刷新に関する件」では、学校の校庭で食材を調達して、それを給食に調理することが奨励されている。こうしたなか、一九四六年LARA(アジア救援公認団体)、一九四九年ユニセフからの寄贈によって脱脂粉乳の給食がもたらされた。一九五〇年にはアメリカからの支援物資である小麦粉を使って、八大都市の小学校児童一三五万人への完全給食が実施された。だが、当時の学校給食の費用は一食二円から三円であり、月額では四〇円から六〇円もかかった[①]。そのため、学校給食費の支払いが困難な児童は全体の一〇パーセントにも及んだ。一九五一年に刊行された生活記録『山びこ学校』にも、学校給食の導入で学校給食費がかかることを心配する山形県の子どもの声が綴られている。

学校給食には当初、法令的な根拠がなく、実態が先行するかたちで広がっていった。一九五二年の文部省調査では全国二万一六八〇校の小学校のうち、七四六二校で実施され、児童に占める割合は五一パーセントに拡大していた。

学校給食法は、一九五四年になってようやく成立した。だが、実態を後追いした法律であったため、学校給食は義務化されることなく、奨励法という位置づけにとどまった。食材を保護者の負担とする学校給食の基本的な枠組みは、この時に定められたと言ってよい。その後、時代を降って二〇〇九年に施行された改正学校給食法においては、「食育」の観点が明確にされた。したがって、学校給食は保護者の負担を残したまま、教育活動の一環として位置付けられるようになったのである。教材でもある食材を公費で仕入れることなく、保護者から徴収する費用で賄うという変則的なあり方が定着してきた。そこには、授業で使うほかの教材にも保護者負担があることが影響している。

ところで、欧米派の代表的な政治家である吉田茂は、学校給食法が成立する前の一九五三年に、国民の食生活を米依存から粉食に切り替えることが肝要とする国会答弁を首相としてしている。この答弁では、学校給食でも小麦粉やミルクを使用するため、小麦粉の二分の一を国が補助しているが、加えて脱脂粉乳についても補助をすると述べている。学校給食は戦前の米食から戦後の粉食へ、そして近年では再び米食へと、主食の考え方が変更されている。国家の食料政策の一環として、学校給食制度が位置付けられていることが分かる。

だが、国の政策がいかなるものであろうと、児童生徒の立場に立つならば、食の安全こそが最も重要である。その中心になるのは食材だろう。その意味で、近年進められている地産地消により、顔と名前の一致する地元の生産者がつくった学校給食を食べることができるようになりつつあることは、かけがえのない価値である。地元栽培の米や野菜を使った学校給食を実施している自治体は、熊本県山都町、愛媛県今治市、石川県羽咋市、富山県南砺市、千葉県いすみ市など急速に広がっている。佐賀県みやき町では町内で生産された自然栽培の野菜を使うとともに、学校給食の無償化も実施している。自然栽培・有機農法の材料は大切だが、食材費の負担が重くなっては広がらない。その意味で、みやき町の取り組みは先進的であるだろう。学校給食は農産物を継続して調達するため、地域への影響は少なくない。有機農産物生産への動機づけとして、学校給食の意義は大きい。地域とともにある公立学校は、この点について積極的であるべきだ。

一方で、農林水産省の有機農産物の推進は始まったばかりである。② 二〇二〇年度予算では前年度を大幅に上回る一億五〇〇〇万円がつけられ、新たな販路として学校給食を位置付けている。現在、有機JAS認証取得農地は一・〇万ヘクタールでしかない。③ 拡大していくためのネックとなっている財政問題についても、政府による政策的な後押しが重要である。

食育の普及

文科省が現在定義する「完全給食」とは、「給食内容がパン又は米飯(これらに準ずる小麦粉食品、米加工食品その他の食品を含む。)、ミルク及びおかずである給食」を指す(パンまたは米飯を除いた給食は「補食給食」と呼ばれる)。国立・私立・公立を合わせた小学校で、この完全給食の実施率は現在九八・五パーセントに及ぶ。また中学校では八六・六パーセントである。[4] 中学校で実施率が下がっているのは、公立では、極端に低い神奈川県(四四・五パーセント)をはじめ、滋賀県(六五・三パーセント)、佐賀県(七二・九パーセント)、京都府(七五・五パーセント)、高知県(七七・一パーセント)などの低い実施率が影響している。学校給食法が奨励法であり、実施についての判断がそれぞれの自治体に委ねられているためである。

現在の学校給食は、おいしくて安全で安心な給食を、法に定めた「食育」の観点から実施するものとされている。だが、こうした給食に対して否定的な意見も存在する。例えば、子どもの食事は母親の手作りが望ましいという「愛情弁当」論はいまだ根強い。愛情弁当論の社会的背景は、大正期から勃興した都市型の新中間層家庭にみられる性別分業である。それは、戦後の高度経済成長期まで、一つの有力な社会的集団を形作ってきた。ところが現在では、夫婦のみや一人親の世帯、あるいは単独世帯が大きく増加する一方で、夫婦と子どもの世帯や、夫婦と子どもに加えて夫婦の親(両親又は一人親)の同居する世帯の数は年々減少をしている。また、共働き世帯の数も、一九九七年に専業主婦の世帯数を上回り、二〇一八年には一一八八万世帯に達している(専業主婦世帯は六四一万)。[5] 専業主婦を前提とする「愛情弁当」論の社会的な根拠は失われたと言ってよい。

一方では、「食育」に含まれる郷土色の強調といった要素が、教育基本法の改正ともつながる、一種のイデオロギー的な色彩を持つというもっともな批判もある。だが、こうしたイデオロギー性は、学校給食を通して、地産地消がかかえる現実的な課題を児童生徒に伝えていくことで、払拭していくことができるのではないか。地産地消が可能な食料品目の偏りや、実際の生産量、あるいは有機農法・自然栽培の抱える課題などは、「食育」のなかで取り組む必要があるテーマである。あるいは、気候変動による農林水産業の変化や、ポストハーベストなど、食糧とグローバル化をめぐる問題も大切な学びである。「愛郷精神」を注入する道具にすることなく、食をめぐる実態を考える食育が望まれる。

そして、学校給食が食育として教育の一環である以上、学校給食費もまた、たとえばまちの食堂で支払う代金などとは違い、広義の教育費に含まれると考えなければならないだろう。したがって、学校給食費の未納問題を食堂の「食い逃げ」同様にとらえた途端に、義務教育等で学校給食を実施していることの意義は抜け落ちてしまうのである。そして、公教育である以上、学校給食費の無償化が全国的に実現される必要がある。

安全な給食をめざして

学校給食は現在、どのような配慮をもって行われているのだろうか。安全をめぐる取り組みから見てみよう。

食中毒やアレルギー反応を防ぐには、食材選びだけでなく、調理における万全の対策も必要になる。「学校安全Ｗｅｂ」によれば、一九九七年から二〇一四年にかけて、学校給食では食中毒が八九件発生し、二万二四三人の児童生徒が被害を受けた。その種類はノロウイルス、サルモネラ菌など様々である。加えて食物アレルギーへの対応も重要となる。二〇一三年の文科省の調査では、小中高校を合わせて食物アレルギーを持つ児童生徒は調査対象中四五万人(四・五パーセント)、アナフィラキシー症状を起こした経験がある子どもは約五万人(〇・五パーセント)とされている[6]。また、二〇〇五年から二〇〇八年までの四年間で、実際に学校給食でアレルギー反応を起こした児童生徒は、男子が六〇〇人、女子が二〇四人となっている[7]。二〇一七年には、アレルギー対応食(アレルギーの原因となる食材を除去した食品)を取り違えたため、京都府宇治市の小学校で児童二人が緊急搬送されている。

アレルギーの有無について、多くの自治体で、入学にあわせた保護者への調査や面談が行われている。各学校の学校栄養職員、栄養教諭、学校給食調理員は、そうした調査に基づき、細心の注意を払いながら学校給食を作ることになる。

東京都教育委員会のまとめによれば[8]、都内で完全給食を実施している一二七二校の小学校のうち、アレルギーへの対応が必要な小学校は一二六三校、対象となる児童は一万九九七五人に及ぶ。また、アレルギー対応以外の特別な事情により別途個別に対応している特別食は、五七四校で一五一二人の児童に対して実施されている。中学校では完全給食を行っている六〇一校のうち、対応が必要なのは五〇八校、対象となる生徒は四六四一人である。特別食については、二〇五校で、三八六人に実施されていた。小中一貫の義務教育学校では、アレルギー対応が必要なのは六校

（児童生徒一四六人）あり、また、特別食が五校で一九人に実施されている。

一日約五三〇〇食を作る大阪府大阪狭山市の学校給食センターでは、卵など五種類のアレルゲンを除いた対応食を調理するため、特別な調理コーナーを設置している。また、単にアレルゲンを除去するだけでなく、アレルギーを持つ子どもが疎外感をもたないよう、カレーのとろみに入れる小麦粉を米粉へ、シチューへ入れる牛乳を豆乳へ変更するなどの工夫を重ねている。(9)

学校給食の提供方法には自校給食の他に、センター給食、外部委託によるデリバリー給食がある。自校給食、センター給食でも、調理は民間会社との委託契約によって実施しているところも少なくない。二〇二〇年七月、埼玉県八潮市から民間委託されている事業者が提供する学校給食で児童生徒ら三四五三人が集団食中毒という信じられないほどの大規模な事件が起きている。

自校給食で、なおかつ自治体職員が直接に栄養管理、調理をすることが、多様化するニーズに自治体が応えるための最善の手段だろう。学級での子どもたちが食べる様子をリアルタイムで把握することなしには、おいしさも安全もそして安心も作り出せない。横浜市の中学校給食では、近年、事前注文のデリバリー弁当を導入したが、実施率は向上していない。一方で、北九州市などでは小学校で近接する中学校分の調理も行う「親子方式」と呼ばれる手法がとられている。この方法であれば、給食施設を新たに作る予算もかからない。安全で、温かいものは温かいうちに、冷たいものは冷たいうちにおいしく食べられる学校給食を実施するためには、できる限り自校給食が望ましいのではないだろうか。

別の課題もある。たとえば、給食の時間が短すぎることへの見直しは必須だろう。教員はクラスの児童生徒が配膳し、食事を取っているのを確認しながら、アレルギーを持つ子どもが対応食を取り違えないように気を配り、さらには食の細い子どもへの働きかけまで行わなければならない。配膳、後片付けをのぞけば実質一五分程度となることも多い給食の時間は、非常に慌ただしく、また緊張を強いられるため、指導をする担任教員にとっては大変な負担となる。自らも食べながら指導をしなければならないため、学校における働き方改革においても、給食時の対応が項目として挙がっているほどだ。教職員が余裕を持って給食を実施し、また児童生徒が楽しく味わって食べるためには、学校全体の時間配分を見直し、学校給食により多くの時間をとることが必要となる。

新型コロナウイルスの感染拡大によって、給食は感染リスクが高い活動として位置づけられることになった。文科省は次のように注意喚起している。「児童生徒等全員の食事の前後の手洗いを徹底してください。会食に当たっては、飛沫を飛ばさないよう、例えば、机を向かい合わせにしない、大声での会話を控えるなどの対応が必要です」[10]。この状況を積極的な機会として捉え、手話による会話の取り組みを始めた学校もある。だが、一般的にいえば、少人数学校でない限り、担任による行き届いた指導を望むには無理があるだろう。

三　進む給食費無償化

学校給食の実施には費用がかかる。現在、給食施設の維持管理と人件費については、各自治体が負担している。だが、食材費等については、学校給食法第一一条第二項で「学校給食を受ける児童又は生徒の(中略)保護者の負担とする」とされている。二〇一六年度の文科省の調査によれば、この負担は小学校で年一九一回の給食に対して月額四三四三円、中学校では一八六回の給食に対して月額四九四一円である。二〇一八年度の別の調査では、公立学校に通う小学生の学校教育費は一人あたり一〇万六八三〇円、中学生は一八万一九〇六円の保護者負担がかかるとされているが、(11)年間四万三七二八円(公立小学校)、四万二九四五円(公立中学校)と、学校給食費は、そのなかでも重い割合を占めている。これらの保護者負担分を、全国すべての学校で無償化するための財源は、おおよそ五〇〇〇億円と見込まれる。

一六一の市区町村が無償化を実現

教育行財政研究所の集計(二〇二一年三月)では、全国で一割近い一六一の市区町村が学校給食費を無償化している。また、一部を補助している三三七の市区町村があり、あわせて全ての市区町村の二八・六パーセント、つまり三割近くが独自の財政負担によって保護者負担を軽くしていることになる。なかには、食材の調達を学校給食会からではなく食品業者との直接取引に切り替えることで、五五〇〇万円の削減を見込む福岡市のような自治体も現れている。[12]無償化自治体が一九五一年には一つ、二〇一四年でも二一しかなかったことを思えば、近年の自治体が子育て支援を頑張っていることが伺える。さらに、新型コロナウイルスの感染拡大から無償化をスタートし、その後も継続を決定した岩手県普代村のようなケースもある。表4-1は、都道府県ごとの無償化上位を表にしたものである。一方、無償化をしている自治体が一つもない県は一二もあり、地域的な偏りがあるようだ。

表 4-1　学校給食費無償化　上位自治体

ランク	都道府県	無償化	自治体数	割合(%)
1	北海道	26	179	14.5
2	山梨県	11	27	40.7
3	群馬県	10	35	28.6
4	沖縄県	9	41	22.0
4	福島県	9	59	15.3
6	青森県	8	40	20.0
7	千葉県	7	54	13.0
7	長野県	7	77	9.1
9	佐賀県	6	20	30.0
9	奈良県	6	39	15.4
11	京都府	5	26	19.2
11	鹿児島県	5	43	11.6
11	東京都	5	62	8.1

出典：教育行財政研究所調査より作成　2021 年 3 月

では、どのような自治体が無償化に取り組んでいるのだろうか。

学校給食費の無償化は、中学生までの医療費の無償化とともに、全国の自治体で一つの焦点となってきたが、その流れに弾みをつけたのは兵庫県相生市だった。かつては造船業で栄えた相生市は、二〇四〇年に人口が二万人を割り込むと予想されている。市は「子育て応援都市宣言」を二〇一一年に発表したが、そのなかに学校給食費の無償化も盛り込んだ。効果は大きく、新聞記事によれば、「一八年度から七年連続で市外への転出者が転入者を上回っていたが、二五年度にプラスに転じた」という[13]。

新たな傾向としては子育て環境の整備としての学校給食費の無償化があげられる。兵庫県の明石市では、二〇二〇年四月から中学校の学校給食を無償化した。これは、二〇一九年から国が始めた幼児教育・保育の無償化によって、市が独自に続けていた第二子以降の保育料無償化の財政負担(年間約七億五〇〇〇万円)がなくなり、財源が生まれたためである。人口二〇万人以上の中核市としては、全国で初めて無償化した自治体となった。

また、群馬県は、小中学校とも無償化と一部の補助を合わせると、全体の六二・九パーセントの自治体が学校給食費の支援をしている全国で最も進んだ地域である。無償化しているのは渋川市、みどり市、神流町、草津町、板倉町、中之条町、東吾妻町、上野村、南牧村、嬬恋村の一〇市町村だが、このうちみどり市をみてみよう。かつて足尾銅山の銅を運ぶ宿場町、生糸の集散地として栄えたこともある大間々町などが二〇〇六年に合併してできたみどり市は、現在では世帯数は約二万一〇〇〇、人口は約五万人が暮らしている。同市は二〇四〇年に市の出生率を二〇一四年の一・五三から二・二に引き上げるという目標をかかげ、そのための総合戦略を作った。学校給食費の無償化はその戦略の一環として位置付けられており、年間で約二億六〇〇〇万円の費用がかかっている。決して軽くない費用だが、そこには子育て世帯の負担を軽減し、市内への転入を実現したいという思惑がある。財源は、年間で約四億円ある「ＢＯＡＴＲＡＣＥ桐生」の競艇関連収入が大きい。

東京都では、奥多摩町の取り組みが興味深い。奥多摩町は東京都の一〇分の一を占める広大な面積を持つが、一九六〇年には一万三七八五人だった人口は、二〇一八年には五二一九人にまで減少した。著者は二〇一六年に奥多摩町を視察し、町役場で歴史や少子化対策、学校給食費の無償化など多岐にわたる説明を受けた。町には一八七三年、つまり学制が頒布された次の年に開校した二つの小学校と、二〇一五年に開校した中学校が一校存在する。児童生徒数は約二二〇人である。

奥多摩町は児童生徒と保護者に対する様々な助成を行なっている。例えば、広域の学区であるため、交通機関の通学定期券は無償となっている。町内に学校がない高校生に対しては、電車とモノレールの定期代とバス代の助成に加えて、タクシー料金や自家用車のガソリン代についても、年五〇〇〇円まで助成している。学校給食についても、こうした活動の一環として位置付けられている。月額の学校給食費は小学校低学年で四一〇〇円、中学年で四四〇〇円、高学年で四七〇〇円、中学生で五六〇〇円がかかる。保護者はこの金額を一度払った後で、要件を満たせば助成される。[14] 無償化にかかる費用は、「少子化定住化対策事業費」の九六九六万五〇〇〇円(二〇一八年度)から支出される。

埼玉県の中央部に位置する比企郡滑川町は、人口が拡大している中で、普遍主義の立場に立って学校給食費の無償化を実施している自治体である。人口は一万八八七三人(二〇一八年七月)。

滑川町の無償化が画期的であるのは、町民であれば、町立学校に通っていなくても構わない、また他の制度の援助を受けていても構わない、という普遍主義を徹底している点にある。この教育・福祉政策は、池袋駅に至る東武東上線沿線に多い新住民を意識してつくられたものである。滑川町では保護者から学校給食費を徴収していない。奥多摩町のように、一般的には無償化でも保護者がまず負担し、自治体からの補助金を受け取るのだが、これでは事務手続きが煩雑になってしまう。[15]滑川町は徴収免除の規定を設け、保護者が学校給食を申し込む際に提出する免除申請によって、保護者が支払わずに済む制度とした。[16]

こうした動きが示すように、自治体の規模を問わず、また少子化対策に限定されることなく、無償化に意欲的な自治体は広がっている。二〇二一年度には新たに一四自治体で無償化が実施される。一部補助の自治体を加えると五〇〇自治体を超える。このように、全国で三割近い自治体が無償化、一部補助をしている地方の成果をうけて、国の政策としても学校給食費の無償化を行う段階は近づいてきているだろう。それぞれの自治体、各種関連団体から国への要望が高まれば、実現はより早くなるはずだ。そのためには、国の財源確保とともに、保護者からの給食費(食材費等)徴収を認めている学校給食法第一一条第二項を削除させる取り組みが必要である。

四　四割で実施している学校給食費の公会計化

最終的には無償化されることが望ましい学校給食費だが、現段階で、もう一つ大きな問題が存在する。それは、保護者からの徴収の方法である。

現在、六〇パーセントの自治体では学校給食費は「校長口座」(校長という肩書がついているが、実際には地方自治法第一七一条に基づいた会計事務(現金の出納整理)の手続きがおよばない校長の個人口座)への振り込みとして徴収している。つまり、自治体の歳入として公会計で処理されているのではなく、私会計として処理されているのである。文科省の二〇一九年調査では、公会計で学校給食費を処理している学校は全国で四二・四パーセント[17](学校給食費無償化を実施している自治体は集計から除く)。そのうち、徴収管理を自治体自らが実施している(つまり学校任せにせず、地方公共団体や教育委員会事務局が担当している)のが二六・〇パーセント[18]にとどまった。また、教育行財政研究所がその後の二〇二一年三月に行なった調査では、四割の自治体が公会計化を実施していた(表4-2)。

私会計が引き起こす問題

では、学校給食費が私会計として処理されることには、どのような問題があるのか。

地方自治法の第二一〇条(総計予算主義の原則)では、「一会計年度における一切の収入及び支出は、すべてこれを歳入歳出予算に編入しなければならない」と記されている。つまり、自治体は住民から徴収したお金を、すべて歳入歳出として取り扱い、その会計を議会が承認、チェックす

表 4-2　学校給食費公会計化調査

	都道府県	市区町村	給食費公会計化	割合（%）		都道府県	市区町村	給食費公会計化	割合（%）
1	北海道	179	95	53.1	25	滋賀県	19	14	73.7
2	青森県	40	28	70.0	26	京都府	26	8	30.8
3	岩手県	33	28	84.8	27	大阪府	43	10	23.3
4	宮城県	35	24	68.6	28	兵庫県	41	17	41.5
5	秋田県	25	11	44.0	29	奈良県	39	18	46.2
6	山形県	35	8	22.9	30	和歌山県	30	14	46.7
7	福島県	59	18	30.5	31	鳥取県	19	6	31.6
8	茨城県	44	38	86.4	32	島根県	19	5	26.3
9	栃木県	25	5	20.0	33	岡山県	27	2	7.4
10	群馬県	35	35	100.0	34	広島県	23	7	30.4
11	埼玉県	63	30	47.6	35	山口県	19	3	15.8
12	千葉県	54	41	75.9	36	徳島県	24	12	50.0
13	東京都	62	13	21.0	37	香川県	17	4	23.5
14	神奈川県	33	7	21.2	38	愛媛県	20	2	10.0
15	新潟県	30	9	30.0	39	高知県	34	9	26.5
16	富山県	15	1	6.7	40	福岡県	60	16	26.7
17	石川県	19	3	15.8	41	佐賀県	20	4	20.0
18	福井県	17	6	35.3	42	長崎県	21	8	38.1
19	山梨県	27	16	59.3	43	熊本県	45	10	22.2
20	長野県	77	17	22.1	44	大分県	18	6	33.3
21	岐阜県	42	16	38.1	45	宮崎県	26	0	0.0
22	静岡県	35	16	45.7	46	鹿児島県	43	7	16.3
23	愛知県	54	34	63.0	47	沖縄県	41	18	43.9
24	三重県	29	4	13.8	計		1,741	703	40.4

調査方法：下記のような方法で調査をした．1 各自治体の条例，要綱．2 教育委員会議事録等．3 自治体報告書，広報．4 新聞情報，関係者聴き取り，により把握した範囲の集計である．自治体は市区町村．調査日 2021 年 3 月

調査：教育行財政研究所（武波謙三，中村文夫）

るということが、ものごとの大前提である。これは、行政の独善的な執行を防止し、財政民主主義を実現するための制度的枠組みである。

公立学校も自治体が運営する組織の一つである以上、地方自治法に基づき、学校が徴収し、執行するお金は歳入歳出として取り扱うことが求められる。議会の承認を得て、公会計として処理をする必要がある。自治体の中には、学校給食費を私会計で扱うことは、法的な根拠もなく「準公金」にあたるという見解を示すところもある。だが、法で定められたことに対して、自治体、あるいはそこに設置された教育委員会が例外を設けることはできない。もし、例外を設けているとすれば、それは行政(教育委員会も行政機関である)の独善的、恣意的な執行であると言われても反論はできないはずだ。そして、法律に基づかないことを勤務時間中に行った場合、地方公務員法では職務専念義務違反となり、命じた管理職にも責任が発生する(第三五条)。また、PTAなどの組織を通して保護者に学校給食費の取りまとめ、取り扱いを依頼した場合にも、公会計とすべき現金を取り扱わせたことについて、校長の管理責任が発生することになる。

ところが、現状では私会計で処理している学校が六〇パーセントも存在する。文科省の二〇一六年度の調査によれば、徴収の方法は、保護者の金融機関の口座から引き落としているケースが八六・五パーセントで最も多く、児童生徒が学級担任に直接手渡しているケースが二一・二パーセント、児童生徒が学校事務職員に直接手渡しているケースが一八・〇パーセント、保護者が指定の金融機関へ振り込んでいるケース一〇・三パーセントである(複数回答可)[19]。

私会計のなかで四割を超すのが児童生徒が学校に学校給食費を直接持参するケースだが、そこではお金を持参できない、あるいは持参を忘れたり、額面と実際の金額が違うといったことで、さまざまなトラブルが発生する。また、そのようにして持参させた学校給食費を、ＰＴＡが学校に代わって取りまとめている地域も少なくない。そこでは着服などの不正が絶えない。愛媛県今治市の中学校では、ＰＴＡが雇用した事務職員が、七年間にわたり一〇〇〇万円もの給食費や部活動費などを着服していたが、この学校は一年分の学校給食費を予め徴収するという保護者負担の大きい制度であったにもかかわらず、監査をしていなかった。また、神奈川県小田原市の小学校では、一～三年生の二四六人分の学校給食費一二二万六〇〇〇円が、ＰＴＡと事務職員が集計している最中に紛失するという不思議な事件も起きている。このような危険があるにもかかわらず、児童生徒に直接持参させるのは、回収率が高いからである。学校給食費の未納に対する対策として、直接持参させている地域があるのは、学校給食費は一校ごとに決算をするため、財政規模が小さく、わずかな世帯が未納するだけでも、学校給食の質に大きく影響を与えてしまうからである。だが、このような課題は、自治体予算として公会計化することで、解消することができる。

公会計のメリット

全国ではまだ四割の公会計化だが、大きく進んでいる地域も存在する。たとえば、群馬県では一〇〇パーセントの地域で公会計化が実施されている。また、システムの開発と維持が大規模となり、経費がかかるために実施が難しいとされてきた政令指定都市の公会計化も進展している。二〇〇九年の福岡市を皮切りに、政令指定都市では熊本市、福岡市、大阪市、横浜市(小学校のみ)、千葉市、仙台市で実施し、川崎市が続いている。

二〇二一年度は川崎市を含めて全国三三自治体、二二年度には一四自治体が加わる予定である。半数の自治体で公会計化が実施される日も近いだろう。

これまで公会計化が進まなかった理由は、文科省の腰が据わっていなかったことにある。一九五七年に文部省が出した回答は、長らく行政の実例とされていた[20]。そこでは「学校給食の実施者は、その学校の設置者である」、「学校給食は、教科書代と同様の性格をもつものと解される。したがって、この経費を徴収することは、義務教育費の無償の原則に反しない」、「校長が、学校給食費を取り集め、これを管理することはさしつかえない」といった根拠が判然としない回答がなされている。だが、これが今日までの行政実例となり、私会計化を許してしまったことが、六〇年以上にわたる不幸の始まりであった。

だが、二〇一七年になってようやく改善の兆しが現れた。参議院総務委員会で杉尾秀哉参議院議員(当時、民進党・新緑風会)が学校給食費の公会計化について質疑を行ったことに対して、総務省は「学校給食の実施が地方公共団体の事務と整理されるのであれば、学校給食の材料費を当該地方公共団体の歳出予算に計上して支出するとともに、これに伴って、集金する学校給食費につきましても当該地方公共団体の歳入予算に計上する必要があるものと考えている」と回答したのだ。また文科省も「学校給食の実施に係る給食費について、食材費を含めて公会計化を進めるとともに、徴収、管理等の業務を地方自治体が自らの業務として行うよう、地方自治体の会計ルールや徴収、管理システムの整備など必要な環境整備を促し」たいと回答した。この回答は画期的なものであり、学校給食の公会計化はその後一気に進むようになった。ただし、文科省の考え方は、教員の多忙化解消がメインであり、地方自治法違反を改善する観点は薄いことは指摘しておかなければならない。

誰が学校給食費を管理するか

杉尾議員の質問への文科省の回答によれば、学校給食費として全国で年間四四〇〇億円が徴収されるうち、約三〇〇〇億円が私会計として処理されていることになる。

文科省は二〇一九年にも「学校給食費等の徴収に関する公会計化等の推進について」という通知を行った。この通知では、文科省が作成したガイドラインを参考とすること、学校給食費の徴収が地方自治体の業務であること、また学校給食費以外の徴収についても徴収・管理は地方自治体の業務であることが明記された。

教員の多忙化を解消するという名目のため、徴収の事務作業は教育委員会事務局が執り行うことになる。だが、教育委員会事務局に必要な人員が配置されなければ、過重な負担が生じたり、不正経理が発生する恐れがある。神奈川県藤沢市で起こった約六五〇〇万円の給食費着服事件は、教育委員会事務局が学校給食費の一括処理をしてきたところ、人員削減が行われ、一人の職員がすべての作業をすることになったために発生した。このような不正は、複数の担当者が互いにチェックし合うことで防ぐことができる。教員の多忙化解消策が、ほかの関係職員の多忙化を招くのであれば、それは愚策といえよう。

公会計化から無償化へ

学校給食の食材は単に腹を満たすための材料ではなく、教材でもある。教育機会の平等の実現を公的な機関が行う以上は、公会計化によって透明な経理をすることが重要だが、それはあくまで義務教育の一環として実施する学校給食の費用無償化に向けたステップである。公会計化は無償化に向けた条件整備なのである。ではなぜ、公会計化が無償化へのステップになるのか。闇で徴収されている限り、公費として自治体の費用問題として議論の俎上にのることはない。いわば闇から闇に動くお金である。

公的なお金である歳入歳出は議会の承認を得て執行されるという財政民主主義が機能するためには、学校給食費の公会計化が必須だということが理解されよう。保護者がどの程度負担しているのかすら、これまでの議会では議論できなかった。学校給食費を公費とすることで、保護者負担ははじめて表面化され、わたしたちの子どもの給食、そして学校給食費の費用負担のあり方について、正面から論じあえるステージを作ることが可能になる。

公会計化とは保護者だけに負担させるのではなく、住民全体で子どもたちの食の費用を分かち合い公金として負担すること、またその予算を公のルールに基づいて執行することを意味する。したがって、歳入だけではなく、食材業者への支出を歳出として公会計化することも必要になる。

学校徴収金において、かならず問題となるのが未納である。文科省の調査では、学校給食費の未納者は、小学校で〇・八パーセント（未納額〇・四パーセント）、中学校で〇・九パーセント（同〇・五パーセント）である。未納の主な原因として、学校側は「保護者としての責任感や規範意識」が六八・五パーセント、「保護者の経済的な問題」が一八・九パーセントとしている。[21] こうした認識を背景として、未納の保護者は責任感や規範意識が欠けているという世論が広まっている。そして、こうした世論の広まりを受けて、学校側は未納の学校給食費を強制的に徴収するべきだという姿勢を強めている。埼玉県北本市の中学校四校は二〇一五年に給食費の未納が三カ月続いた場合には学校給食を提供しないと決定し、未納の保護者に通知を出した。こうした状況に対して、これまで自治体は、学校給食費が私会計で債権債務関係が曖昧であったために、解決に乗り出しにくかった。公会計化をすることは、誤った認識に基づく学校側の強制徴収を止めることにつながるはずだ。またそれは、保護者の経済的問題に目を向けることになる。保護者の収入に左右されることなく、すべての児童生徒が楽しく会食できることが、学校教育として給食を実施する条件である。

未納者への事後対応ばかりを行うのではなく、長野県塩尻市が実施しているように、入学の時期に児童生徒の児童手当から差し引くか、自治体への口座振替を行うかを事前に選択させるほうが、より合理的な手法だろう。塩尻市はこの方法によって、実際に未納率を改善した。収納率は公会計化以前の九九・五三パーセントに対して、九九・七五パーセントに上昇したという[22]。

また、公会計化した地域と無償化を進める地域は重なるケースが多い。公会計化の先進地域である群馬県は、無償化自治体の割合が最も多い(無償化一〇、一部補助一二自治体、計二二自治体)。茨城県にも同様の傾向を指摘することができる。無償化した地域では当然、学校給食費は公会計化されている。

住民の生活改善の契機のために

公会計化の施策は、学校給食費を払えない児童生徒の保護者から強制徴収することを目的とするのではなく、公的扶助につなげ、そして困窮した世帯の生活を再建する方法を探るためのものでなければならない。公会計化した学校給食費を子どもの貧困を発見する契機として活用している自治体も存在する。

自治体の債権は、税など公法に基づくものと、学校給食費など契約に基づくものに分かれる。自治体が学校給食費だけでなく、それ以外の私債権も一括管理する私債権条例を作り、合理的な返済計画を協議するなどの取り組みは、いくつかの自治体ですでに実施されている。単に債権を取り立てるのではなく、困窮した住民が納税をできるよう、生活の再建を図る手助けをするという立場に立った取り組みである(23)。

北海道北広島市は、学校給食費を公会計化する理由のひとつとして、「給食費の状況が市で随時把握でき、公的扶助等の相談など未納への早期対応が可能となります。これにより未納額の増加を防ぎ、負担の公平性を確保します」と述べている(24)。

今後は、学校給食法第一一条第二項(食材費等を「学校給食を受ける児童又は生徒の(中略)保護者の負担とする」)を削除し、給食無償化への法的な根拠を作り、すべての児童生徒への教育機会の平等を実現する足がかりを作るべきである。教育福祉の選別主義から普遍主義への転換は、アフター・コロナの学校の条件として必須である。このことは学校給食費以外の教材費、修学旅行費についてもいえることである。次章で詳しく検討をしたい。

第五章

完全無償の公教育を

子どもたちが保護者の財布を心配せずに、学校に行けることが、これからの社会の基礎である。学校教育の無償化はどこまで実現されたか。新型コロナウイルスの感染拡大は経済活動を停滞させ、多くの人が収入を減少させた。さらには日々の生活の糧すら得られない人々も多く生まれつつある。それはまた、税収の減少、そして自治体収支の悪化を招いている。

子どもたちの学びに要する費用は公的な財源によって賄われることが原則であるが、自治体の多くでは、一部を保護者が負担する仕組みが続いている。授業料と主たる教材である教科書などの公的負担が九割を占め、それ以外の補助教材や修学旅行、学校給食費などの私的負担は約一割とされている。だが、この一割の負担が大きくのしかかる世帯は多い。

子育て世代の平均年収は、ふたり親世帯で七三四万七〇〇〇円、ひとり親(母子)世帯で二九九万九〇〇〇円である。母子世帯の貧困率は五割を超えている。そのようななか、公立学校に通わせるための私的負担として、小学生であれば年間一人あたりおおよそ三二万円、中学生では四九万円かかっている。仮に小・中学生の二人の子どもがいれば、一世帯で八〇万円以上もかかることになる。このうち、私教育の塾代、お稽古事などにかかわる費用は、平均して二人で五二万円以上かかるとされている。

したがって、教育機会の平等を実現するためには、私的負担である一割を税収等による公的負担に切り替え、負担をみんなで分かち合うことが重要となる。

一斉休校のさなか、学校給食費の対策以外にも、自治体独自の政策が次々と行われた。全員給付を行った自治体の数は、現金の特別給付が一七五、図書券・商品券が二六三、教材費無償が五、合計で四四三市区町村(二五・四パーセント)に上った。福井県勝山市のように、中学生以下の子ども一人当たり現金六万円を給付した自治体もある。また、児童手当の上乗せは一八九、児童扶養手当の上乗せは三九〇に上った(現金と合わせて支給した自治体もある)。母子世帯の貧困率が高いことから、自治体はひとり親世帯への負担軽減を重点的に行っている。わたしたちの子どもが危ないとなると、すぐに手を差し伸べたのである。

だが、手を差し伸べるのは危機の時だけではない。学校給食費の無償化や補助を行う自治体が全国の三割近くにまで拡大していることは既に述べた。補助教材費や修学旅行費用などを個別に無償化、あるいは軽減措置を全児童生徒に対して実施している自治体も徐々に拡大している。二〇二一年度には一一の自治体が、補助教材費や修学旅行費から学校給食費まで無償化することで、義務教育の完全無償化を実現している。そのうちの山梨県早川町では、保護者も一緒に移り住む山村留学制度を設けて地域の活性化を実現している。たんに保護者の負担軽減だけを理念として主張していても改善は進まない。自治体財政が悪化しても、わたしたちの学校として地域に認知されることで、はじめて完全無償化は実現するのではないか。

消費税増税の目的の一つとして、就学前教育と高等教育への二兆円規模の財源投入が行われた。だが、この財源投入にはさまざまな課題があり、無償化として手放しで喜べる内容ではない。そのうえ、政策対象から義務教育が抜け落ちてしまっている。国に忘れられた義務教育は、新型コロナウイルスの感染拡大によって危機的な状況に陥ったが、これに手を差し伸べたのは身近な自治体と地域の人々であった。次は一時的な補助ではなく、その恒常化である。わたしたちの学校の条件が生まれつつある。

一　義務教育の完全無償化のために

新型コロナウイルス感染拡大の中で進む負担軽減

新型コロナウイルスの感染拡大に対する「一斉休校」要請は、子どもたちを学びから締め出しただけではなく、公教育を支えてきた教育行財政も無力化し、教育は保護者の自己責任に帰せられた。この危機に対して手を差し伸べたのは身近な地域である。住民相互の自発的な取り組みはもちろんだが、緊急事態に即応したのは自治体による団体自治（自治体が団体として、国とは独立した意思を持ち、その意思を具体化すること）としての支援であり、その中心となったのは、保護者への負担軽減措置だった。すでに学校給食に関しては第四章で明らかにしたので、本章ではそれ以外についてみていくことにしよう。

義務教育費の歴史

表５-１は日本の公教育の負担構造をまとめたものである。日本では義務教育を実施するための公的支出が高い水準で実現されてきたため、保護者による私的負担は僅かな割合にとどまって

表5-1　公教育の負担構造(義務制公立学校)

項目	小項目	財源	備考
学校職員人件費	特定3職種(義務教育費国庫負担職員)	国負担金1/3，都道府県・政令市2/3	教員，事務職員，学校栄養職員
	特定3職種以外(市区町村費職員)	市区町村	学校用務員，学校給食調理員，スクール・カウンセラー，部活動指導員等
学校施設	新築・増改築大規模修繕	市区町村，国補助金	公立学校施設整備費国庫負担金1/2，学校施設環境改善交付金(改築に対する国庫補助)1/3等
	小規模修繕等	市区町村	
教材費	主たる教材(教科書)	全額国補助金	「義務教育諸学校の教科用図書の無償措置に関する法律」に基づく
	補助教材	市区町村	1953〜84年まで義務教育費国庫負担制度．その後は地方交付税交付金として，学習指導要領課程に合わせて交付
		保護者(学校徴収金)	法的根拠なし
学校給食費	施設，人件費等	市区町村	学校給食法に基づく
	食材費	保護者(学校徴収金)	学校給食法に基づく
修学旅行，遠足等	引率旅費等，日当等	都道府県・政令指定都市	引率教職員分
	児童生徒旅費等・小遣い	保護者(学校徴収金)	法的根拠なし

きた。だが、この僅かな残りを改善することが、これから非常に重要になってくる。

我々が考えるべきことは、まず、公的負担の支出目的が、教育機会の平等に沿っているのかということである。そして、私的負担が、公的負担に比べれば僅かな割合であっても、子育て世代には大きな財政的負担になっていることである。特に考えるべきは、七人に一人といわれる子どもの貧困であり、こうした世帯においては、私費負担分は子どもの将来を左右するほどの大きな負担となっている。

こうした状況を改善するためには、すべての子どもたちに対して無償化を行う普遍主義の考え方をとるべきである。貧困状態にある一三・五パーセント(二〇一八年調査)の子どもに焦点を当てた選別主義的な対応が、当座は必要であることは論を俟たない。だが、選別主義には劣等処遇(公的援助を受ける人の生活水準を勤労している人々よりも低いものに抑える)が常に付きまとうため、保障は最低限にとどめられる。そのことが、保障を受ける人々にスティグマ(烙印)を与えることも確かである。また、貧困ライン上にいる子どもをめぐって、どこで線引きをするのかという問題も発生するだろう。

だが、どの階層に属していたとしても、子どもには自らの労働によって生活費を得る方策はない。子どもの貧困は、いかように考えても子ども自身の責任は全くない。そうであるならば、学習している子どもたちすべてに、公教育にかかる経費の保障を保護者ではなく設置者である自治体がするという、普遍主義の取り組みこそがふさわしいのではないか。もし、国や自治体が財源不足を主張するのなら、その団体は存在意義を失っていると言わざるを得ない。

憲法では義務教育は無償と規定されているが、法的解釈においては、教育基本法と最高裁判決によって、無償の範囲は授業料に限定されてしまっている。だが、授業料以外の主たる教材である教科書はこれまでの歴史的な取り組みによって無償化され、また高等学校の授業料の無償化も民主党が政権をとることによって実現した。義務教育費の四分の三を占める教職員人件費については、総力戦遂行の一環として一九四〇年以降は国からの一部公的支出が国庫負担制度として整い、戦後には、さらに学校建設とその大規模改修などの費用も、一九五三年に一部国庫補助として支出されるようになった。

では、それ以外の教育費についてはどうだろうか。補助教材については、一九五三年から八四年までの約三〇年間は、国庫負担の中に「教材費」として対象にされていた。これはPTA等による強制的な寄付金の徴収を解消することを目的とした措置だった。また、一九六七年には、基礎的に必要とされる教材の品目と学校規模に応じて整備すべき数量を示した「教材基準」が制定され、六七年からの一〇年間に総額一六〇〇億円(うち国庫負担八〇〇億円)の予算が用意された。その後、教材費が国庫負担から除外されたが、学習指導要領が改訂されるたびに、新しい学習内容に応じた教材教具購入のための整備費は地方交付税交付金として支出され続けている。二〇一一年には教材整備の目安を例示した「教材整備指針」が新たに策定され、一二年度からの新学習指導要領に対応した教材整備のために、国は一〇年間で総額約八〇〇〇億円(毎年八〇〇億円)の予算を用意した。さらに、二〇二〇年度から始まる新学習指導要領では、プログラミング教材などに再び一〇年間で総額約八〇〇〇億円の予算がつくことになった。

二〇一八年度の文教費の総額をみると、児童生徒一人当たりの国及び自治体からの公的負担は、小学校で九三万六〇〇〇円、中学校で一一二万一〇〇〇円、高等学校で一二一万四〇〇〇円となっている。こうした公的な支出は、学習指導要領に明示され、教育課程の編成によって具体化される学校の授業を支えるものである。また、小学校では二〇二〇年から実施される学習指導要領の新たな内容や、文科大臣懇談会での「Society 5.0」の施策、そして少子化、過疎化から引き起こされた学校統廃合にも使われている。

授業料とは何か

ここまでは教育費の公的負担についてたどってきた。一方で、教育費には私費負担もあり、その代表は高等教育などで納入する授業料である。義務制の公立学校は、教育基本法の定めによって授業料はとられていない。二〇一〇年以降は公立高等学校でも、原則としては授業料をとらない考え方をとっている。ただし、二〇一四年からは標準的な構成の世帯で九一〇万円未満という世帯収入の設定が設けられてしまっている。

そもそも、授業料とは何か。国民教育を実施し始めた明治初期の学制期においては、義務教育であっても授業料(当時は「受業料」と表現されていた)が徴収されていた。授業料は一律ではなく、保護者世帯（戦前の家族制度の下では戸主）の資力に応じて段階的に区分されていた。また地域から強制徴収された民費（のちの地方税）も、資力に応じたさまざまな徴収項目の組み合わせで徴収されていた。

こうした授業料が基本的に無償となったのは一九〇〇年からであり、就学督励（不就学者をなくす）政策と一体となった措置だった。①それは福沢諭吉に代表される明治初期の自由主義的で個人的な立身出世主義にもとづく教育ではなく、公教育を介した臣民教育を強めていく過程でおきた出来事だったと言える。

授業料は税の区分上は使用料とされている。②使用料とは、国や自治体が、行政財産や公の施設の使用に対して徴収する料金である。類似したものには幼稚園や保育所の保育料がある。使用料は、地方自治法第二二五条に示された公の施設の使用の対価として、条例の定めるところに従い範囲や金額などが定められている。公教育にかかる人件費や物件費などの経費を税で賄う部分と使用料で賄う部分との割合は、民意によることになる。公教育を完全無償化するのか、授業料だけとするのか、あるいは一九〇〇年までのように授業料も徴収するかは、民意に基づく政治的な判断であるということである。

他方で、補助教材費、修学旅行・遠足費用、学校給食費など残る保護者負担は、二〇一八年では公立小学校でおおよそ年間一一万円、公立中学校で一八万円と増えてきている。

表5-2をみると、公立小学校では、授業料は〇パーセントであるのに比して、学校給食費は

表 5-2　学校教育費区分(公立学校)

区分	小学校(円)	構成比(%)	中学校(円)	構成比(%)
授業料	0	0.00	0	0.00
修学旅行・遠足・見学費	6,951	6.51	26,217	14.41
学校納付金等	12,235	11.45	16,758	9.21
図書・学用品・実習材料費	19,673	18.42	25,413	13.97
教科外活動費	2,041	1.91	29,308	16.11
通学関係費	18,032	16.88	37,666	20.71
学校給食費	43,728	40.93	42,945	23.61
その他	4,170	3.90	3,599	1.98
合計	106,830	100.00	181,906	100.00
参考　学校外活動費	214,451	――	306,491	――

出典：文部科学省「平成 30 年度子供の学習費調査」より作成

四〇・九三パーセントにもなる。その他の項目については、学校納付金等には入学金、学級費、PTA会費、寄付金、施設整備資金が、図書・学用品・実習材料費は授業のために購入した図書、文房具類、体育用品、実験・実習材料費が含まれる。通学関係費には交通費のほか制服、ランドセル、カバン代が含まれる。

これらの税外負担(私費負担)を取りやめ、公的支出にすれば、日本は義務教育完全無償化を達成した国となることができる。一人当たり小学校で一一万円、中学校で一八万円の負担を、子育て世代に強いるのではなく、国民で分かち合えば可能になる計算だ。学校給食費を公的負担とするのには、五〇〇〇億円ほどの税投入が必要となる。

どのように考えれば、公的負担が可能となるだろうか。授業料は流動的な概念であり、学校で教育にかかるすべてを含めてよいと考えることもできる。その発想から、現在無償化が実施されている「授業料」とは

表 5-3　公立学校での公私負担比較(1 人当たり)

項目	内訳		負担額	割合	比率
公的負担	小学生 93 万 9593 円　中学生 107 万 2523 円				9
	項目	内容			
	国からの特定補助金	義務教育費国庫負担金，公立学校施設整備費国庫負担金等	1 兆 7133 億円	12.20%	(12)
	地方自治体予算	都道府県支出金	4 兆 5964 億円	51.20%	(82)
		市区町村支出金	2 兆 6425 億円	30.80%	
	その他	地方債，寄付金等		5.80%	(6)
保護者負担	小学生 10 万 2404 円，中学生 16 万 7386 円				1

出典：地方教育費調査，子供の学習費調査(いずれも 2014 年度)

別に、「広義の授業料」という概念を提案してみたい。

完全無償化への道

表5-3は、学校教育費の内容を示したものである。公的負担においては自治体が主役であり、それに国が一部負担や補助をする構造であることが、この表からは読み取れる。制度の理想となるのは、設置者が教員をはじめすべての学校職員の人件費など、学校運営に必要な自主財源をもつことだろう。一九四九年のシャウプ勧告は、地方自治を基礎とする国づくりの考え方にもとづいていた。この勧告を受けて、地方財政平衡交付金制度が創設され、一九五〇年からは義務教育費国庫負担制度が廃止された。だが、当時は代替措置が万全でなく、勧告は時宜を得ないものだった。そのため一九五三年には義務教育費国庫負担制度が復活し、従来の教員に加えて事務職員の人件費も含まれることになった。

つぎに、公教育における自治体、国、及び私的負担の区分と割合について考えたい。表5-3をみると、おおまかに、公的負担(国、自治体、その他)が九割、私的負担が一割であることが分かる。また、公的負担の国と自治体、その他の割合は、一：六・八：〇・五である。以上のことからおおよそ、国：自治体：保護者負担の割合は、一：八：一と考えられる。設置者である自治体の負担が大きいのが分かる。ただし、設置者である自治体が自主財源で賄えない場合には、地方交付税交付金分も加えられることになる。本来であれば、この地方交付税交付金は自治体の裁量で自由に使える財源であるが、実際には国が地方をコントロールするために利用してきた。

国庫負担金は、先に述べたように、都道府県と政令指定都市が支出する人件費の三分の一を占める。この国庫負担金と国庫補助金、そして地方交付税交付金を介して、国が自治体の政策をコントロールする仕組みが作られてきたのだ。そのため、自治体の教育政策は国による教育政策のコピーとなるケースが多い。そうした教育政策が、均一的な国民形成を可能にしてきた点は否定できない。

今後は、財政的に八割を占める自治体が、公教育についての構想、実施の主体として確たる位置をとることが必要となるはずだ。「地方自治は民主主義の最良の学校」とはよくいわれる言葉である。身近な生活とかかわり、顔が見える関係でお互いを尊重して物事を決めていくからである。では、地方自治が民主主義の学校であるならば、子どもたちにとって学校とは何かと考えるならば、それは民主主義の孵卵器といえるのではないか。

したがって、教育費を広義の意味で無償化していくとともに、地域を大切にする視点に立って、国の恣意的なふるまいを制御していかなければならない。国による財政を介したコントロールを最小限に抑えることで、教育政策についても、地方自治体により多くの決定権を与えることが求められている。

二　保護者負担とは何か

何が保護者負担を重くしているのか

今日の学校の運営では、「自律的学校経営」が求められるようになったことで、校長の裁量権が拡大している。校内で意思決定したことが尊重される仕組みになっているのだが、尊重された裁量権を発揮するためには、コンプライアンス(法令遵守)のため、法令の内容と、その仕組みに精通する必要がある。だが、現実にはそうしたコンプライアンスは不徹底である。その原因は、学校が学校徴収金(保護者の私費)に依存していることにあるのではないだろうか。

財源的な裏付けのない教育計画は計画ではない。学校財政には、法令とそれを適用する仕組みとがある。学校教育法第五条によって、特別の定めのある場合を除いては設置者が経費を負担することになっている。校内においても、公的予算の計画的な執行(予算委員会によって協議決定し、予算書と執行後の決算書は情報公開する)は最も基本的なことである。公費についても、学校ごとに教育計画に沿って組み換えができる総額裁量制予算(横浜市で実施)といった工夫が求められる。

だが、このような公費に含まれず、法に特別の定めのないのが、保護者からの学校徴収金である。学校徴収金は、徴収の根拠においても、徴収方法においても法令が守られていない資金といえる。費用対効果の論証も行うことなく、すべて「子どものためだから」の一言で片づけられ、公費とは別の「勝手に使えるもう一つの財布」となっている。これは地方自治法第二一〇条(総計予算主義の原則)の公然の違反である。

公立小中学校の保護者負担の割合を文科省「平成三〇年度子供の学習費調査」をもとに考えてみよう(表5-2)。小学校では、授業料は公立では無償、学校給食費は四万三七二八円(四〇・九パーセント)である。ここまでは前章までで検討した。つぎに、授業のために購入した図書、文房具類、体育用品、実験・実習材料の費用が年間一万九六七三円になり、一八・四パーセントを占めている。また、通学に必要な交通費、制服、ランドセル、カバン代は、多くが初年度入学前にそろえることになるが、六年間で割ったとしても一万八〇三二円(一六・九パーセント)かかる。こうした制服、ランドセル、カバンについては後ほど検討を行う。そして、入学金、学級費、PTA会費、寄付金、施設整備資金などで一万二二三五円(一一・五パーセント)がかかることになる。修学旅行・遠足・見学費は、一時的にかかる経費であるが、六年で平均すると六九五一円(六・五パーセント)となり、他と比較するとそれほど高額ではない。

中学校に目を移そう。学校給食費の割合が四万二九四五円(二三・六パーセント)と少ないのは、他の項目の金額が上昇していることと、給食を未実施の学校、地域があるためである。たとえば神奈川県は、二五パーセントの中学校でしか給食を実施していない。一方、通学関係費は三万七六六六円(二〇・七パーセント)となり、通学にかかる費用は中学、高等学校と段々と高まっていく。これは通学距離の広がりにより交通費がかさんでくることと、制服、カバン代などが必要になるためである。また、中学校からは部活動のために、教科外活動費が二万九三〇八円(一六・一パーセント)かかることになる。教育課程にないにもかかわらず、部活動には多大な経費がかかるのだ。修学旅行・遠足・見学費は二万六二一七円(一四・四パーセント)、図書・学用品・実習材料費は二万五四一三円(一四・〇パーセント)、学校納付金等は一万六七五八円(九・二パーセント)。その他を含めて一八万一九〇六円となる。

これらを分析すると、負担割合の大きい学校給食費の無償化が最優先であることは変わらないのだが、見落とされがちな重い負担として、通学関係費と部活動の経費が存在することが見えてくる。学校給食費を無償化し、足で通える地域に公立学校があり、また部活動が社会教育化されれば、学校教育費の保護者負担は大幅に減少するのである。さらに言えば、修学旅行などで何を学ぶのかという問題もある。たとえば東京ディズニーランドが必要な修学先なのかといった見直しも、財政負担の課題と合わせて検討することが必要になるだろう。ちなみに生活保護費の給付算定には修学旅行費用は計上されていない。

保護者が負担する補助教材

近年の調査によれば、子育て世代の平均年収は、ふたり親世帯七三四万七〇〇〇円、ひとり親(母子)世帯二九九万九〇〇〇円である。③ 相対的貧困率(可処分所得が貧困線未満)は母子世帯が五一・四パーセントである。④ 公立学校に通わせるための保護者負担は、おおよそ小学生は年間一人あたり一一万円、中学生は一八万円となる。小・中学生の子どもがいれば、二人で八〇万円以上もかかることになり、負担感は大きいものがある。このほか私教育の塾代、お稽古事の費用が二人で五二万円以上もかかるとされている。

そもそも、学校徴収金(地域によっては、預かり金、校納金、あるいは準公金と呼んでいることもある)は、まったく勝手に、校長の裁量の範囲で徴収されている。教育委員会が準公金の取り扱い要綱を定めたとしても、地方財政関係法に定める根拠がないため、それは恣意的な要綱である。つまるところ、ほとんどの地域で徴収しているから、「みんなで渡れば怖くない」ということでしかないのだ。給食費については、学校給食法には保護者負担が明記されているが、それ以外の教材費など学校徴収金については保護者負担の必要はどこにも明記されていない。それを私会計を続ける理由とするのは、違法状態を継続させることにすぎない。直ちに学校徴収金を止め、公費化することが求められている。⑤

一九七四年に都道府県教育長協議会第四部会によって出された「学校教育にかかる公費負担の適正化について」では、直接教育活動費を「公費負担とすべき経費」と「私費負担とすべき経費」とに分類したうえで、私費負担を「児童、生徒個人の所有物にかかる経費」と「教育活動の結果として、その教材・教具そのもの、またはそれから生ずる直接的利益が児童、生徒個人に還元されるものにかかる経費」に分けている。前者の例として、教科書以外の個人用図書、ノート類、各種文房具、補助教材、学習用具等、後者の例として、学習教材、校外施設学習の食費、遠足・修学旅行費等、が示されている。つまり、ここでは教科書以外は何でも徴収をして良いと「適正化」されているのである。だが、この案より良心的な基準を自治体が設定している場合もある。代表的な例として、東京都について分析してみよう。

東京都の義務教育学校運営費標準では、「個人負担の範囲例」が示されてきた。学校運営費標準は、都が特別区に配分する都区財政調整の積算基礎となるものである。市区町村は、これに準じるか、またはこれに自主的な配慮を行った独自の基準を設けて学校配当を行う[6]。この個人負担分を除いて区や市町村は、学校運営に必要な経費を学校に予算配分するのが通常である。

個人負担の範囲例には二つの区分がある。

一つ目は、「通常家庭にある品物、あるいは家庭になくても家庭生活上必要な品物で、学校における学習指導上必要な場合は個人の所有物として学校に持参し得るもの」である。その区分例には、社会科の副読本がある。しかし、これは家庭にはないし、家庭生活上必要な品物でもない。音楽科には、ハーモニカ、たて笛、カスタネット、木琴が挙げられているが、これも家庭にはない。体育科の、運動用被服一式、くつ、はちまきも、学校で体育を行うから必要な品物であり、家庭生活上必要な品物とは言えない。

二つ目は、「家庭にはない品物等で、家庭生活上特に必要というわけではないが、そのもの、またはその利益が個人に還元されるもの」である。事例に示されているのは、家庭科、図工科などの実技教材及び学校給食費、遠足等の費用、卒業記念アルバム代である。クラブ活動費のうちの還元分もある。たとえば、調理実習をしたらその食材等は自分たちで食べるのだから、個人負担にするものである。学校給食も児童の腹に入る食材は、個人負担であるとしている。理由は「利益が個人に還元」されるからである。

だが、学校教育の一環として実技があり、そのための教材が必要であるとするならば、利益が個人に還元されるとは皮相な言い方である。腹に入るから還元されるというのであれば、頭に入る知識や技能として身につけたこともまた、個人に還元されたものとなってしまう。個人に還元するから私的負担で良いとする見解は、明治初期の授業料徴収への発想へと先祖帰りするものにほかならない。

それでも、東京都のように教材基準の区分があること自体が、学校や教員個人が自己都合で授業等に必要なものと判断し、際限なく徴収することの歯止めにはなっているのである(ただし、東京都は現在、学校運営費標準を作っていない)。

最も教育費無償化に近い東京

東京都教育委員会が発表した資料では、私的負担による支出額を「受益者負担額」、「ＰＴＡ・学校後援会等活動運営費」、「従来の私費」の三つに分類している。このうち、二〇一六年度の受益者負担額は五六四億六五四六万八〇〇〇円(構成比九六・五パーセント)、ＰＴＡ・学校後援会等活動運営費は二〇億七七八〇万円である。まず、その金額の大きさに驚かされるが、これらのほとんどが法令的な根拠もなく、法令的な手続きも踏まずに「学校納付金」という怪しげな名称によって、公的な職場で扱われているのである。この点に関して、学校にはコンプライアンスは存在しないといってよい。

受益者負担額について、さらに小学校、中学校に分けて検討してみよう。小学校で受益者負担とされるのは、一人当たり五万三三〇六円である。その内訳を、額の多い順にみてみよう。学校給食費が三万九二四一円(七三・六パーセント)、教科活動費が七六九六円(一四・四パーセント)、遠足・移動教室が三七六八円(七・一パーセント)、儀式・学校行事が二五六〇円(四・八パーセント)、生活・進路指導が二二円(〇パーセント)、その他が一九円(〇パーセント)である。これらは、学校運営費標準における「個人負担の範囲例」に準拠しているものと思われる。なお、「受益者負担」という概念を使うのであれば、徴収する場合には公会計で処理すべきである。教育行財政研究所の調査によれば、東京都では学校給食費を公会計処理しているのは自治体の二一・〇パーセントでしかない。このように、自治体が徴収した負担金を私会計で処理しているのは長年の悪弊と言わざるを得ない。

同様に、中学校でも一人当たりの項目別金額をみてみよう。中学校では、受益者負担とされるのは、一人当たり七万三九八六円である。その内訳は、学校給食費が三万六九四一円(四九・九パーセント)、修学旅行・遠足等が一万八九七九円(二五・七パーセント)、教科活動費が一万二〇一六円(一六・二パーセント)、儀式・学校行事が三七五九円(五・一パーセント)、生活・進路指導が一五九一円(二・二パーセント)、その他が七〇一円(〇・九パーセント)となっている。

実は、この東京都でさえ、小中学校とも全国平均に比べれば金額は低い。その理由としては、まず、調査範囲が相違していることが考えられる。文科省の調査であれば、私費負担には通学関係費なども含まれる。これは小学校で一万八〇三二円もかかるのだが、東京都では「学納金」ではないとして調査されていないのである。だが、それに加えて東京都が私費負担の範囲を限定し、公的負担の範囲を広くしていることも無視できない。文科省の調査で図書・学用品・実習材料費とした区分(一万九六七三円)は、東京都では教科活動費、遠足・移動教室、儀式・学校行事、生活・進路指導にあたり、合計で一万四〇四六円となっている。そのために、東京都では学校給食費の占める割合が小学校で七三・六パーセント、中学校で四九・九パーセントと、全国平均の四〇・九パーセント、二三・六パーセントを大きく上回っている。

練馬区の事例から見えること

東京都練馬区は二三区のなかで世田谷区に続く人口規模を誇り、全国でも一八位にあたる巨大な市区町村である。しかし、光が丘団地などのオールドタウン地域も抱え、区内では地域間の不均衡な発展・衰退が起きている。練馬区教育委員会では、二〇〇八年二月に光が丘地区の小学校八校を四校に統合・再編する「区立学校適正配置第一次実施計画」を策定した。統合された新設校は二〇一〇年に開校している。

この練馬区の区立小学校の学校徴収金を見てみると、学校給食費が全体の七四パーセントを占めるが、これは先に述べた東京都全体の傾向と同じである。ほかの項目の額は全国平均を下回る傾向がみうけられる。練馬区では小学生では修学旅行がなく、区立施設四カ所を使った移動教室を実施している。このような活動に工夫があり、経費節減に取り組んでいる様子がうかがえる。

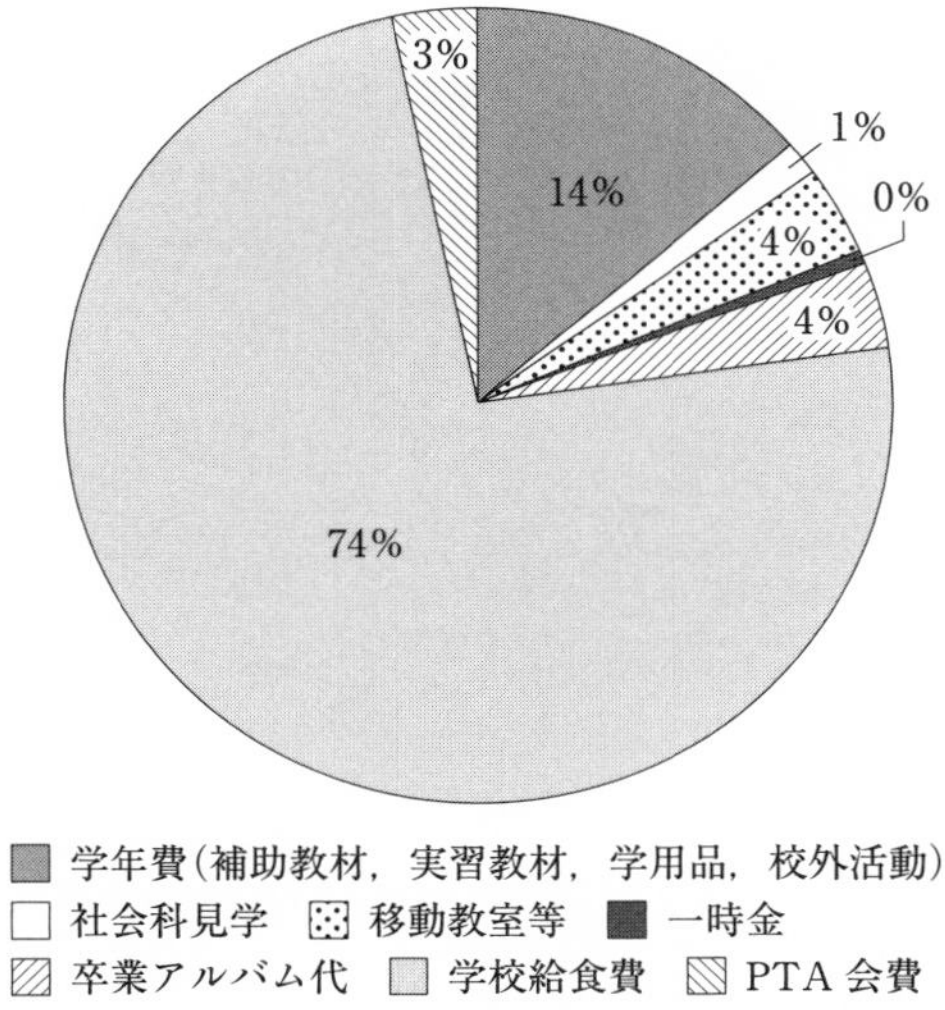

図 5-1　練馬区立小学校学校徴収金(2016 年度決算による)

一方で中学校では、修学旅行も実施されているため、約一〇万円相当が旅行費等にかかっている。三年次はとくに負担額が大きくなり、徴収額の約半分に相当している。高等学校入学の費用は別途かかることから、この時期の

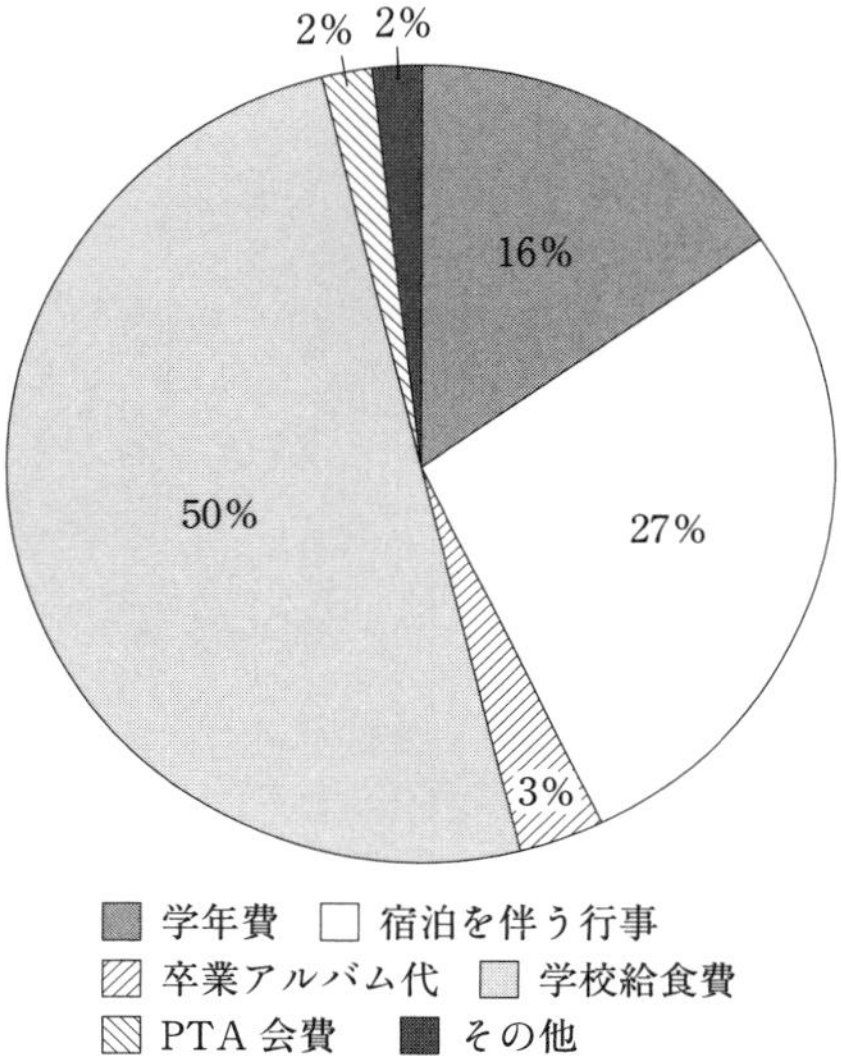

図 5-2　練馬区立中学校学校徴収金（2016 年度決算による）

保護者の子育て負担は多大なものであることが想定できる。割合は円グラフで見てほしい（図5-1・図5-2）。

このような事例からわかるのは、学年費、社会科見学、移動教室等、宿泊を伴う行事に関しても、学校の直接的な教育活動に関する経費であることから、広義の授業料と認定して、税金等を財源とする公費負担へ切り替えることが重要だということである。そうすれば、徴収されるのは任意団体であるＰＴＡの会費など、わずかな金額でしかなくなることだろう。東京都は完全無償化に最も近い都道府県であると考えられる。完全無償化まではもう少しの努力である。

こうした無償化の実現においては、学校が徴収している費用の内容について、教職員による点検だけではなく、第三者による検証が必要になるだろう。価格の多寡だけでなく、購入された補助教材などが、実際に授業で有効に使われているかを検証する必要がある。練馬区も取り組んでいるが、たとえば副教材をセット販売で購入しないなど、授業で必要な用品を必要なだけ学校の公費で計画的に購入し、備え付けにすれば、授業に事足りることは多いはずである。

三　地方からすすむ義務教育の無償化

教育費完全無償化を達成した自治体

補助教材費、修学旅行費そして学校給食費を完全無償としている自治体は、全国で一一を数える。福島県金山町、富岡町、飯舘村、下郷町、広野町(二〇二一年度から)、東京都利島村、御蔵島村、山梨県早川町、丹波山村、京都府伊根町、奈良県黒滝村である。これらはいずれも少子化に悩まされる小規模自治体である。全国町村会のホームページでは、京都府伊根町の取り組みが紹介されている(8)。それによると、「二〇一五年度の児童・生徒数の計一〇〇人弱が無償化の対象となる。町が全額負担するのは、給食費計四四〇万円、小学六年生と中学二年生の修学旅行費計一六〇万円、理科の実験器具やテスト用紙などの教材費計一〇〇万円。保護者の負担は、筆記用具や制服、体操服など個人所有の道具や衣類だけとなり、おおよそ年に六万～一四万が軽減される見込み。町は過疎化・高齢化が進み、一九五〇年代には七六〇〇人を超えていた人口が、二〇一五年一月現在で約二三〇〇人にまで減少。今回の教育費の負担軽減で、子育て支援を実感してもらい、町外からの移住・定住につながればと期待している」。こうした活動に、全国の自治体からの注目が集まっている。小規模自治体だからできるという見解もあるかもしれないが、小規模自治体は財源も小規模である。財源の規模にかかわらず、無償化は可能なのである。

補助教材費を無償化した自治体

完全無償ではないが、補助教材費などを無償化、あるいは一部補助や現物給付している自治体も増えている。二〇二一年には補助教材費を無償化が二〇、一部補助・限定的な補助が一五、合計三五の自治体となっている。鳥取県南部町では、学校教育に係る保護者の経済的な負担を減らすため、従来、学校で徴収していた教材費、学級費を町費負担とした。そのため、小学校一年生から小学校三年生までの「教材費」、および小学校一年生から六年生までの「学級費」が無償となっている。

長崎県小値賀《おぢか》町では、補助教材費(小中学校で使うテストやドリル、図工の教材に至るまですべての教材費)、各種検定料(中学校でチャレンジする英検・数検・漢検の検定料(一名につき二回分))を無償化するとともに、部活動遠征費(中学校、高等学校の部活における島外遠征費の一部)、野外宿泊学習費(小学校、中学校の野外宿泊学習における経費の全額)を補助している。また、学校給食費の一部補助(実質無料)も行っている。

和歌山県太地町、兵庫県佐用町、茨城県大子町などでは、補助教材費を無償化している。神奈川県海老名市では、負担の大きい新入生の保護者に配慮し、小学一年生で一人あたり上限一万円、中学一年生で一人あたり上限一万七〇〇〇円の補助を行っている。

奈良県十津川村では学校給食費の無償のほか、修学旅行費も無償としている。京都府和束町、笠置町と南山城村でつくる相楽東部広域連合の教育委員会は、三町村に五校ある小中学校の学校給食費と修学旅行費の無償化を二〇一八年度から実施している。補助教材費、修学旅行費などにも公費負担は広がっている。

こうした各自治体の取り組みは表5-4にまとめた。

無償化されていない場合、学校の授業で使う補助教材は、学校経由で一括購入する場合が多い。出入りの懇意な特定業者が扱うケースも多くあり、競争がないため割高ではないかという疑問が保護者からは寄せられている。文部省(文科省)は一九七四年と二〇一五年に、補助教材の取扱についての通知を出している。補助教材が「学習指導要領等の趣旨に従っていること」、「保護者等に経済的負担が生じる場合は、その負担が過重なものとならないよう留意すること」を求めている。だが、この通知の主眼は国による補助教材の統制であり、保護者負担への注意はその一環に過ぎない。そのため学校現場でも、保護者負担の問題より、補助教材の内容への統制として受け止められてきた。

また、特定業者と学校の結びつきは、教材が割高になるだけではない深刻な問題も生んでいる。補助教材、学生服、体育用品、修学旅行や部活動での用品購入、学校環境整備などの全般にわたって、教職員の使い込みや業者との癒着、業者間のカルテルなどがニュースとなることが後を絶たない。学校予算の不足分を保護者からの徴収で賄うことが、校長の一存で行われているという

表 5-4　補助教材費，修学旅行費への無償化・補助自治体

都道府県	市区町村	補助教材費	修学旅行費	参考(学校給食費の扱い)	備考
北海道	当麻町		◎中		
	鹿部町	◎			
	古平町	○3子以降無償		○3子以降無償	
	幕別町		○中1/2補助	○2子1/2，3子以降全額補助	3万5000円上限
	北竜町		○小1万円，中4万円補助	◎	
	泊村		○1/2補助		
	歌志内市	○小4550円，中4900円補助	◎		
	厚岸町		○1/2補助	◎	
	森町		◎小	○小1520円/月，中1600円/月補助	
	神恵内村		○1/2補助	○1/2補助	
	豊頃町		○小1万円，中2万円補助		
	上川町		○1/2補助	◎	
	士幌町	※		○1食50円，3子以降全額補助	主要5教科公費負担
	上士幌町		○小1万1000円，中3万3000円補助		
	上砂川町		※	○1/2補助	小，バス借上料・高速道路使用料全額助成，中，一部助成
	清水町		○小2570円，中6250円補助		
	積丹町		○1/3補助		
	留寿都村		○個人負担5000円	○1/2補助	バス借上料一部補助
	苫前町		※		バス代全額助成
	赤井川村		※	◎	バス借上料全額助成
	雨竜町		○40%補助	○60%補助	
	厚沢部町		◎中	○小1900円，中2250円補助	

（表 5-4 続き）

都道府県	市区町村	補助教材費	修学旅行費	参考(学校給食費の扱い)	備考
北海道	遠別町	○小 1・2 年 6000 円，3・4 年 8000 円，5・6 年 9000 円補助			中 1 年 1 万 1000 円，2 年 8000 円，3 年 9000 円補助
	標津町	○小 5800 円，中 1 万 1200 円補助			
	池田町		※		所得に応じて補助
	増毛町	○小 2500 円，中 3500 円補助		○主食，牛乳補助	消耗教材費として学校配当
秋田県	東成瀬村		※	◎	予算の範囲内
	にかほ市		○小 3500 円，中 4500 円補助		
山形県	真室川町	◎			
福島県	金山町	◎	◎	◎	
	富岡町	◎	◎	◎	
	飯舘村	◎	◎	◎	制服，運動着含
	下郷町	◎	◎	◎	
	広野町	◎		○	2021 年度から給食費無償
	二本松市	○小 5000 円，中 9000 円補助			学級費全額市負担
茨城県	大子町	○		◎	副読本，解説書，参考書など無償
栃木県	矢板市	○5000 円補助		○小 4500 円，中 5100 円補助	小中新入学生体育着無償
群馬県	南牧村		○中 2/3 補助	◎	
埼玉県	小鹿野町	◎		◎	
	東秩父村		○中，一部補助	◎	
千葉県	御宿町		○小 1 万円，中 3 万 5000 円補助		

（表 5-4 続き）

都道府県	市区町村	補助教材費	修学旅行費	参考(学校給食費の扱い)	備考
千葉県	成田市		※		小，交通費 10 万円/1 学級補助
	印西市		※		小，交通費 10 万円/1 学級補助
東京都	杉並区	◎小	○中 3 万円補助		
	墨田区		○中 1 校 6 万円補助		交通費・宿泊費・拝観料補助
	立川市		○ 1 万 4000 円補助		
	小金井市		※中 3 年		予算の範囲内
	日野市		○小 4000 円，中 1 万 200 円補助	○牛乳 90 円/月補助	
	多摩市		※		予算の範囲内
	あきる野市		※		予算の範囲内
	国分寺市		○中 6150 円補助		
	国立市		○中 1 泊 3500 円補助		
	福生市		○中 1 万 5300 円補助	○牛乳補助	
	羽村市		○小 7000 円，中 1 万 8000 円補助		
	東大和市		○小 3800 円，中 5100 円補助		
	清瀬市		○小 4200 円，中 7200 円補助		
	瑞穂町		○中 1 万円補助		
	日の出町		※	○牛乳 3.6 円補助	予算の範囲内
	奥多摩町		○中 2 万 8000 円補助	◎	バス代助成，通学費無償，中学生制服全額無償
	利島村	◎	◎	◎	
	御蔵島村	◎	◎	◎	
神奈川県	海老名市	○小 1 年 1 万円，中 1 年 1 万 7000 円補助	○小 1 万円，中 1 万 5000 円補助		中，柔道着，彫刻刀貸与
	相模原市				柔道着貸与

（表 5-4 続き）

都道府県	市区町村	補助教材費	修学旅行費	参考（学校給食費の扱い）	備考
新潟県	妙高市		○中 1 万円補助		
福井県	おおい町		○小 2000 円，中 4000 円補助		
山梨県	早川町	◎	◎	◎	
	丹波山村	◎	◎	◎	
	身延町		○小 6 万円，中 11 万円限度	◎	
長野県	信濃町	◎			
	平谷村	◎	◎	◎小	
	大鹿村		※	○ 1/2 補助	バス代補助
岐阜県	揖斐川町		○小 3 万円，中 5 万円限度	◎	新入学児童生徒応援金 3 万円補助
静岡県	森町		※		予算の範囲内
愛知県	愛西市		○小 3000 円，中 4500 円補助		
滋賀県	甲良町		○小 3000 円，中 6000 円補助	○ 200 円/月補助	
	米原市		○小 2000 円，中 3500 円補助		
京都府	伊根町	◎	◎	◎	
	和束町		◎	◎	
	笠置町		◎	◎	
	南山城村		◎	◎	
	精華町		○小 6000 円，中 2 万円補助		
	京田辺市		○ 1/2 補助		
	宇治田原町		○小 5000 円，中 1 万円限度		
	久御山町		○小 2 万円，中 3 万 5000 円限度	○年額 5500 円補助	
	与謝野町		○小中，2000 円補助		
奈良県	曽爾村		◎	◎	
	黒滝村	◎	◎	◎	

（表 5-4 続き）

都道府県	市区町村	補助教材費	修学旅行費	参考（学校給食費の扱い）	備考
奈良県	十津川村		◎	◎	
	東吉野村		○ 1/2（小 2 万円以下の場合 2 万円，中 4 万円以下の場合 4 万円補助）	○ 1/2 補助	
和歌山県	北山村	◎		◎	
	高野町	○小 1 万5000円，中 2 万円補助	○小 3 万円，中 6 万円限度	◎	校外活動費として小 1〜4 年6000円，5 年8000円，中 1・2 年 1 万円補助
	太地町	◎		○ 2/3 補助	
兵庫県	佐用町	○		○ 1/2 補助	副教材費として小 1 万5000円，中 3 万円商品券支給
鳥取県	南部町	○小 1〜3 年無償		○一部補助	小，学級費無償
	湯梨浜町		※		予算の範囲内
	八頭町		※	○牛乳 7 円補助	予算の範囲内
	智頭町		※	○ 1/2 補助	予算の範囲内
	日野町		○小8000円，中 1 万円限度	○小 30 円，中 33 円補助	小 2 万7000円，中 7 万 5000 円を超過した額
島根県	隠岐の島町		○補助対象経費の 1/2 以内		補助対象経費上限額は小 3 万円，中 4 万 5000 円
	邑南町		※		予算の範囲内
	知夫村		◎		
	吉賀町		※	◎	予算の範囲内
	津和野町		※	○ 25 円/1 食補助	予算の範囲内
	美郷町		○小1800円，中7500円上限	○ 30% 補助	
岡山県	新庄村		○小 1 万円，中 1 万 5000 円補助	○一部補助	
広島県	安芸太田町		○小 1 万2000円，中 1 万 8000 円補助		

（表 5-4 続き）

都道府県	市区町村	補助教材費	修学旅行費	参考(学校給食費の扱い)	備考
徳島県	美馬市	○学級費・副教材費無償(3子以降)		○ 3 子以降全額補助	
高知県	大豊町		※	○ 50 円/1 食補助	貸切バス借上料補助
	安田町		○小中 1 万円補助		
	本山町			◎	中学生制服補助
福岡県	福智町		※		中，予算範囲内で学校に交付
長崎県	小値賀町	◎		○ 2 子以降 1/2 補助	
熊本県	五木村		○ 2/3 補助	○ 2/3 補助	
	水上村		○個人負担額を除く額	◎	負担額は小 8000 円，中 3 万円
	相良村		○小 1 万円，中 3 万円補助	○ 小 2700 円， 中 3000 円補助	
	あさぎり町		○小 2000 円，中 1 万円補助	○ 小 中 150 円/月補助	
	宇土市	○小中 1 年 3500 円/年，他 2000 円/年補助		○ 3 子以降全額補助	学校へ配当
宮崎県	高千穂町		○中 2 万円補助		
鹿児島県	十島村		◎		学校行事全て無償
	南種子町		○小 2 万 5000 円，中 1 万 6000 円補助	◎	
沖縄県	石垣市		○小 1 万 7000 円，中 5 万円補助	○ 3 子以降一部補助	
		◎無償 20，○一部 14，※限定 1	◎無償 22，○一部 56，※予算範囲内 21		

備考：◎無償，○一部補助　注：修学旅行費については，へき地児童生徒援助費等補助金交付要綱(昭和 53 年文部大臣裁定)の規定に基づき，高度へき地の児童生徒にかかる修学旅行費について自治体補助がある．2021 年 3 月

違法性に結び付き、これらの不祥事の根本原因となっている。

修学旅行費の課題

修学旅行は必ず行わなければならないものではない。新型コロナウイルスの感染拡大で修学旅行の実施を中止した公立小中高等学校はおよそ一五パーセントにのぼる。(9) 修学旅行をなぜ行うのかを、あらためて考え直す時期ではないだろうか。旅行先の選定、旅行計画の作成方法、修学旅行の経費負担、業者選定など、見直すべき項目は多岐にわたる。だが、文科省は二〇二〇年一〇月、修学旅行の実施に向けた最大限の配慮を各学校に求める通知を出した。経済対策としてのGoToトラベルに便乗した修学旅行の実施を促したのである。そこには教育的な観点が抜け落ちていると言わざるを得ない。

多くの学校で、修学旅行の費用は積み立てで集められているが、しばしば杜撰な管理が問題となる。二〇一八年には、滋賀県草津市の中学校の臨時事務職員が修学旅行費など約八〇〇万円を着服し、刑事告訴された。また、二〇一二年には、大阪府泉大津市の中学校の校長が修学旅行をめぐり旅行会社へ便宜を図った見返りに、格安のハワイ旅行を賄賂として受け取ったとして逮捕された。この事件を伝える記事の中には、元教頭の看過できないコメントが載せられている。「修学旅行の代金は税金から出るわけではないし、学校側の都合で旅行会社や行き先を決められる余地が大きい」と指摘。「どうやって旅行会社を選ぶかなどは学校によって違うが、最終的な決定権は校長が握っていることが多く、一種の利権になりかねないのは事実だ」と打ち明け」た、というのである。[10] また、二〇〇九年には岡山市の公立学校の修学旅行に関して、近畿日本ツーリストなど三社がカルテルを結んだとして公正取引委員会から排除措置命令を受けている。

一方で、奈良県香芝市では修学旅行を公会計化し、業者選定委員会を設けて公正を期している。このように、保護者の関与を認めつつ、公会計化の上に、修学旅行業者選定委員会を設けるべきである。鳥取県鳥取市では、二〇一八年度から学校給食費とともに補助教材費の一部も公会計化した。大阪府大阪市の二〇一一年度包括外部監査では、学校給食費だけでなく、児童費・生徒費及び積立金の公会計化を求めている。また、福岡県福岡市、千葉県千葉市では、学校給食費を公会計化する際に、補助教材費も上乗せして徴収している。二〇一九年に文科省は「学校給食費等の徴収に関する公会計化等の推進について」を全国に通知したが、「等」の中には修学旅行費などの各種学校徴収金も含まれている。これによって学校で長らく慣行として続けられてきた不正が解消される一歩を踏み出すことが可能となった。

修学旅行の費用の全額無償化は、二〇二一年三月段階で二二市区町村、一部補助・予算内補助は七八市区町村、合計一〇〇と全市区町村の六パーセントに拡大している。教育課程の中で実施する知見を広める旅行であり、額も大きいため、貧困世帯には負担となっている。修学旅行そのもののあり方を、財政負担の課題とともに検討する時期に来ている。

重たいランドセルと「置き勉」

補助教材費については、教員の多忙化が大きく関係している。多忙化により、教員が自作の補助教材を作れなくなったために、教科書会社による参考書、あるいは教育関連書籍による授業計画づくりなど、授業活動のマニュアル化が進んでいる。こうした問題は、教育のデジタル化によっていっそう深刻化していくことだろう。

日本では予習、復習が事実上強制されているため、生徒は自宅学習をしなければならない。授業だけで理解できないことが前提の教育活動になっている。ほとんどの学校で教科書の毎日持ち帰りが原則となっているが、児童が背負う重たいランドセルが社会問題となっている。

ランドセルメーカーのセイバンの調査によれば、一週間のうち、ランドセルが最も重い日の荷物は約四・七キログラムになる。ランドセル自体の重さも含めると、生徒たちは約六キログラムを背負って登校しているのだ。平均通学時間(片道)は徒歩一五分ほどだが、通学に二〇分以上かかる小学生も約三割を占める。そして、小学生の約三割が、ランドセルを背負うことに「痛み」を感じている。(11)

こうした通学に伴う苦痛を緩和するには、学校に教科書等は常備し必要な教材だけを持ち帰る、つまり「置き勉」方式を導入することで解決できるであろう。

ランドセルは重いばかりではなく、高価でもある。ランドセルの多様化はＡ４判に教科書が変更になったころから始まった。現在では四万円台から一二万円までの価格幅があり、売れ筋は五万～六万円とされる。ランドセル通学が一般的な自治体では、普遍主義の立場から、ランドセルを公費で購入し、全員に無償配付も検討すべきである。表5-5は、二〇二〇年に調査したランドセルを無償で配付している自治体の一覧である。ランドセルではなく、リュックサックが普及している自治体や学校もある。子どもたちに地域に根付いてほしいという願いが伝わるであろう。もっとも、検定教科書がデジタル教科書へ完全移行すれば、ランドセルもカバンもいらなくなる日が来るという見方もある。子どもたちは、代わりにノートパソコンやタブレットを携帯することを強いられるようになるかもしれない。その場合には、破損や紛失の補償という問題が生じる。

表 5-5　ランドセル無償配付自治体

都道府県	市町村
北海道	清里町，増毛町
秋田県	上小阿仁村
山形県	庄内町，白鷹町
福島県	泉崎村
茨城県	日立市，鹿嶋市，小美玉市，石岡市，桜川市，筑西市，土浦市，高萩市，北茨城市，利根町，潮来市
長野県	飯島町，中川村
岐阜県	北方町
大阪府	摂津市
岡山県	浅口市（通学用リュックサック）
愛媛県	四国中央市（通学用リュックサック）
熊本県	高森町，南阿蘇村

また、制服に関しても様々な課題が存在する。近年、取り上げられているのは、男子はズボン、女子はスカートの強制というジェンダーに関する課題である。しかし、制服着用そのものが強制されなければならないのかという根本的な問題が置き去りにされていないだろうか。無償化との関連でいうと、指定された「標準服」は学校独自の仕様であるため高額になる。また特定取扱店との契約が多い傾向がみられ、いずれでも不正の温床と

なる。二〇二〇年には愛知県立高校の学生服販売で価格カルテルを結んでいたとして、関連数社が公正取引委員会から独禁法違反を認定された。

新入学用品費等の準備のための改善

入学前に制服やランドセルを用意するためには、一時的に多くの費用がかさむ。ほとんどの自治体は、主たる教材である教科書しか用意していない。東京都奥多摩町のように、中学校に入学する際に制服の全額助成を行っている自治体は僅かである。

たしかに、生活保護世帯への教育扶助としては「新入学児童生徒学用品費等」が、準要保護世帯への就学援助の中には入学に必要な物品の支給(新入学児童生徒学用品費等)が、最低限の保障としては存在している(ただし、生活保護の認定には福祉事務所が両親や兄弟に援助できるかどうか確認する「扶養照会」が行われるため、親族に困窮が知られることを嫌って、申請をしないことが社会的な問題となっている。二〇二一年二月の国会答弁で、政府は扶養照会の弾力化に前向きな姿勢へと転換した。運用が変わり、申出書の提出により扶養照会は回避できることになった)。就学前に必要になる物品については、四月以前に給付するべきである。だが、生活保護制度では就学前給付が行われた自治体が多数だったが、準要保護制度では六月ごろからの給付がほとんどだった。

就学前給付については、二〇一七年度から生活保護において支給することが正式に通知されたことに合わせ、就学援助制度でも取り組みは広がっている。文科省は「準要保護者に対する就学援助については、各市町村に対し、こうした国の取組を説明するとともに、その取組の趣旨を理解した上で適切に御判断いただくよう周知してきたところです」として、就学前支給の実施を促している。[12] その結果、文科省の調査では、二〇二〇年には小学校で八二・三パーセントの市町村、中学校で八三・八パーセントの市町村と、実施は急拡大をした。不合理性を明示し、課題として掘り起こしたことで、改善の動きが広がったのだ。

四　早川町の挑戦——完全無償化を達成した日本一小さな町

地域が学校を育て、学校が地域の明日を育てる

山梨県甲府市から車で富士川、早川に沿って一時間半走ると、町の九六パーセントが森林である早川町に到着する。人口は五七七戸で九七八人（二〇二一年度）という、全国一小さな町である。だが、ここは全国で二〇二一年度一一しかない教育費完全無償化自治体の一つでもある。完全無償化に踏み切った要因は、もちろん過疎と少子化である。首都圏の一部を除く全国が少子化の大波に飲み込まれているなか、「小さいけれど、笑顔はでっかい！」を掲げる早川町が進める教育の完全無償化という挑戦は、自治体や学校にとって有効な先進事例になるはずだ。[13] なお、山梨県は無償化の先進県であり、補助教材費等も入れた完全無償化は丹波山村でも実施されている。学校給食費に限れば忍野村、山中湖村、市川三郷町（小学校）、鳴沢村（小学校）、身延町、西桂町、

南部町、富士河口湖町、富士吉田市で全額、一部補助は富士川町、昭和町、南アルプス市、都留市、甲斐市に広がっている。

著者は二〇一七年六月に早川町を視察した。教育長から時間をかけて教育行政を説明されたあと、教育長自らが運転するワゴン車に同乗して、早川北小学校を訪問した。

早川町教育委員会の理念は三つある。(一)「人口の過疎はあっても、教育に過疎があってはならない」。(二)「早川の子供を育てるのではない。未来の日本の子供を育てているのだ」。(三)「地域が学校を育て、学校が地域を守る」。教育長の説明によれば、昭和の大合併で六カ村が一緒になった際には、人口は八一一六人で、小学校六校に一一七六人、中学校六校に四一一人が在学していた。つまり各村に小学校と中学校とが一校ずつあったのである。だが、それが二〇一七年には早川南小学校(二一人)、早川北小学校(一三人)、早川中学校(三一人)にまで減少した。早川町は平成の大合併に対して、行政サービスの低下につながるとして合併を回避した。地区・集落に役場職員が在住している場合には職員自らが公共配布物等の配布をし、また公民館、消防団活動の一翼を担っている。合併をしないことで、地域に根を張った地方自治が可能となっているそうだ。同様に、学校も地域の拠り所と考え、これ以上の統廃合を行わない方針である。以上の方針は辻一幸町長のリーダーシップに負うところが大きい。

早川町における完全無償化の実態をみてみよう。「小中学校教材費等無償化事業実施要領」によれば、「教育に必要な教材費」に含まれる教科別テスト・ドリル・スキル、教科別教材、教科別学習ノート、夏・冬休みの友、卒業アルバム制作経費、卒業制作経費、その他の教材の七項目、また「教育に必要な校外学習経費」に含まれる修学旅行、スキー・スケート教室、社会科見学の三項目が無償である。一方で対象外とされているのは、鞄、制服、体育着、筆記用具、ピアニカのホース、九九カード、書道セット、リコーダーなどにかかる経費である。

中学校では部活動も無償が適用されている。補助教材費、修学旅行等校外学習費とともに、以前は二分の一補助であった学校給食費も無償化した。このような財政負担の区分けは、「小中学校　学校給食費及び教材費等無料化検討会」において検討されている。また、授業料の無償化だけでなく、複式学級にしないための単独職員も町費で雇用し、一学年一学級を維持している。

主となる財源として、二〇〇七〜〇九年の三年間に得た特別交付税(頑張る地方応援プログラム)九〇〇〇万円を少子化対策基金として積み立て、それを取り崩している。二〇一五年度であれば、医療費補助三五万円、学校給食費補助二九五万円、保育所給食費補助二〇万円、頑張る若人応援金七〇万円、教材費等無償化事業一二五万円である。これらをベースとする公費予算は、南小学校でみると管理費四五九万六〇〇〇円、振興費二二一万円、無償化事業費六五万九〇〇〇円、合計七四六万五〇〇〇円である。児童一人当たり三五万五四七六円の学校配当予算となる。

親も一緒の山村留学制度

早川町は、少子化対策として山村留学制度を実施している。子どもだけが移住する形ではなく、家族ぐるみの移住政策であることに特徴がある。溢れるような豊かな自然に囲まれた極小規模学校でのきめの細かな学習指導、さらに地域交流や自然観察など総合学習の時間を使った独自の発展的な学習も実施されている。留学している子どもたちも地域の子どもとみなし家族ぐるみの山村留学を受け入れた早川町は、子育て環境としても優れた面を持っている。

早川町の人口ビジョン(二〇一五年九月)と創生総合戦略(二〇一五年一二月)を見てみよう。人口ビジョンによれば、一九六〇年には水力発電所の建設工事のため、人口は一時的に一万人にまで急増したが、六五年以降に発電所が無人化されたため急激に減少した。この二〇年では年間五〜六〇人のペースで減少が続いている。そのため高齢化率は一九六〇年には四・六パーセントであったのが二〇一五年には四七・一パーセントにまで上昇し、二〇三五年には五〇パーセントを超えて五一・五パーセントとなることが予想されている。総人口は二〇四〇年には四五九人と予想されているが、そのうち高齢人口は二三六人、生産年齢人口は二〇〇人、そして年少人口は二三人である。人口は八〇年間でピーク時の二・三六パーセントにまで減少すると予測されているのだ。

なかでも若年女性人口の減少が出生者数の減少を招くことから、対策としては山村留学(家族ぐるみ移住)が期待されている。「山村留学等で、子ども二人の家族を年間二・四組、五年間で一二組入れる(四人×一二組＝四八人、年間約一〇人)」ことが目標とされている。

また、創生総合戦略では、二〇六〇年に現状維持＋αを実現するためには、子育て世代の人口流入と地元出身者の歩留まり率一〇〇パーセントを二〇二〇年度末までに達成することが条件とされている。そのために、義務教育費完全無償の継続、高等学校生の通学環境の整備、大学生の奨学金制度が挙げられている。このような教育への重点化には目を見張るものがある。

だが、家族ぐるみの移住のためには、当然ながら保護者の雇用確保と住宅の整備とが必須となる。雇用に関しては農林業に携わる組織の支援・育成がされており、対象を選ばなければ就労先は確保されている。住宅に関しては村内の空き家を調査し、それを住める環境にするための連携が試みられている。そして、こうした政策を円滑に実行するために、山村留学家族、学校、教育委員会だけではなく、北っ子応援団(地域住民の自主的な支援組織)とＮＰＯ日本上流文化圏研究所(空き家物件探し、田舎暮らしセミナー)による山村留学会議が設置されている。

極小規模学校である早川北小学校は、児童に「小学校時代には競争ではなく協力と責任を学んでほしい」と求めている。現在、児童数は一三名、そのうち山村留学生は一一名。四年生は一人だが、一学年一学級を実施している。学校も近代的であり、オープンスペース型の教室配置(ブース状になっていて他学年の学習状況も互いに感じとれる)、温水プール、図書館(地域図書館も兼ねる)が備わる潤沢な環境が整備されている。

画期的な二つの取り組み

早川北小学校では、一～三人の児童に対して学級担任一人がつく個別学習が実施されている。個別学習は基礎学力が向上する一方、教員への学習依存が起りやすいという問題がある。そのため、北小学校では特色ある学校づくりとして、自主的な学習への取組みも進められている。

総合学習の時間で実施している二つの学習について、校長から説明を受けた。

一つ目の学習は、長く続けられてきた民話を素材にした創作劇である。早川町は災害の多い地域であり、集落ごとに異なる生活文化や伝承を持っている。この特色に注目し、子どもたちが家々に出向いて聞き取りを行うアウトリーチが行われている。それをもとにした創作劇を台本作りから行い、学校の体育館で発表をする。この発表会のために町はバスを巡回させ、一五〇人もの住民が観劇をする。留学児童はこのような活動によって地域とのつながりを体感し、地域は留学している子どもたちを含めた活動によって自分たちの文化を再発見するのである。

二つ目は、二〇一六年度から始まった自然体験学習である。早川北小学校の近くには「南アルプス邑野鳥公園」がある。この公園を運営する生態計画研究所・生態教育センターと共同して、総合学習の時間を中心に、「ＢＥＡＮＳ（BEcome A Natural Scientist! = 自然科学者になろう！）」という高度な自然観察学習が行われているのだ。生徒全員がそれぞれのテーマを選び、研究所の専門スタッフの指導を受けながら研究を深めている。パンフレットには「獣のうんちを探して茶こしで洗って食べたものをしらべました。輪ゴムがはいっていたフンもあり、環境について呼びかけようと思いました」という研究成果が載せられていた。また、フン・食痕・獣道・木痕を調べたり、センサーカメラを使い鹿道を見つけ、鹿の生態を研究している子どももいる。豊かな自然環境と研究者の存在という地域の特色を生かした教育によって、子どもたちの力が伸びているのが伝わってくる。学校教育は教員や学校職員だけが行うのではない。地域の人々の関わりを得てこそ、学校は輝けるのである。

義務教育費完全無償化は重要であるが、同時にそれによってどのような教育が実施されているか、地域に還元されているかがさらに重要である。早川町の教育は、全国の先進事例として幅広く共有される価値があるだろう(14)。

一方で、早川町には高等学校がない。山村留学も義務教育で終了してしまうため、その後にどのようにつなげるかが課題とされている。高等学校、大学でいったん町外に出た生徒が再び早川町に戻ってきたケースや、家族ぐるみで留学した保護者が早川町に留まり、教育委員になっているケースもある。人口減少を緩和するためには、さらなる工夫が必要だろう。それでも早川町の挑戦は素晴らしいものがあり、県や国が人的、財政的な支援を一層拡充すれば、可能性がより拡大するはずだ。たとえば、地域定着型の教職員人事や、長野県で実施されている一学年一学級維持のための加配措置などである。地域に根を張って、長く早川町の教育に専念する教職員の存在が必要になっていくだろう。

五　アフター・コロナの教育行財政

教育無償化の前史

税収をもとにした国の政策においては、国民間の貧富の格差を埋めるために再分配を行うことが重要となる。不在地主制度を廃止し、土地を廉価で分け自作農を生み出したところから戦後社会が始まった。教育においても、機会の平等を実現するため、授業料無償の義務教育を中学まで延長するところから戦後教育は始まった。ところが現在では、教育機会を多様化するため、自己責任に基づいて選択させるという、分離別学の政策ばかりが強調されている。

国の文教予算は、児童生徒数の減少を背景とした縮減が続いてきたが、こうした縮減を止める手立てを文科省は模索してきた。二〇〇六年に改正された教育基本法では、第一七条に教育振興基本計画の策定が盛り込まれた。基本計画は閣議で決定するため、文科省だけではなく、財務省も拘束する。二〇〇八年に策定された最初の教育振興基本計画では、財源的な数値目標が設定できるかどうかが焦点とされた。だが結局は、「目指すべき教育投資の方向」として「教育への公財政支出が個人及び社会の発展の礎となる未来への投資であることを踏まえ」、「ＯＥＣＤ諸国など諸外国における公財政支出など教育投資の状況を参考の一つとしつつ、必要な予算について財源を措置し、教育投資を確保していくことが必要である」とするにとどまった。市川昭午は、財源的な保障のない計画はかえって害があると厳しく批判している。[15] 五年毎の中期計画である教育振興基本計画は、現在では第三期目を迎えているが、GDPにしめる教育費の目標はいまだ具体化されていない。

文科省は文教予算を獲得するため、教育再生実行会議における検討を続けてきた。第八次提言に向けての討議では、財務省の予算配分権が及ばない教育目的税も検討されている。しかし、二〇一五年七月に出された第八次提言は、消費税の見直しのおりに教育財源を確保することを盛り込むだけで終わった。文科省は、教育改革のための財源として、消費税増税を選ばざるを得ないように追い込まれていった。

二〇一七年の衆議院総選挙を前にして、教育の無償化についての議論は盛り上がりを見せた。自民党の特命チームは二〇一七年三月一四日、教育無償化財源として「教育国債」、税制改正、消費税拡大、「こども保険」の四案に沿って意見の集約を図る方針を打ち出した。また、経済同友会は三月三〇日に子ども国債、消費増税分の教育目的化、雇用保険の積立金残額六兆円による財源確保を提案した。

「教育国債」とは、財政法第四条を適用した、建設国債と同様なものと考えることができる。だが、そうであれば建設国債の投資対象に「子ども」を入れればよいではないか。すでに建設国債は無利子奨学金の財源としても利用されているからだ。「こども保険」とは、自民党の「二〇二〇年以降の経済財政構想小委員会」で突然打ち出された構想である。勤労者と事業者の社会保険料を〇・一パーセント上乗せし、それを政策費とするのだが、これは国債発行を「次世代に負担を回す」と反発する財務省の意向に沿って打ちだされたものだった。

このような議論の中、二〇一七年の総選挙では、与党である自民・公明両党によって二兆円の教育無償化パッケージが打ち出され、圧勝の一因となった。問題は、こうした議論においては、義務教育ではすでに無償化が完了していると認識されていたため、マスコミで盛んに取り上げられた就学前教育と、グローバル化に対応する人材育成が問われた高等教育の無償化だけが語られたことである。

高等学校授業料の無償化

戦後に新制された高等学校は、当初は総合制、男女共学、小学区制が三原則とされたが、一九七〇年代には義務教育修了者の九〇パーセント以上が進学するようになった。一九八七年には、臨時教育審議会の最終答申によって、多様な教育を実現するため、職業教育に重点を置く学校から、高等教育機関への進学に重点を置く学校まで、多岐にわたる高等学校が可能になった。また、大都市圏を中心にして、私立学校の占める割合は高く、教育機会の平等の観点から私立高校の適用は当然であった。また、「経済的、社会的及び文化的権利に関する国際規約」(社会権規約)第一三条の適用に関する留保の撤回を求める動きが広がる中で、高校授業料無償化が実現した。[16]

二〇一〇年には「公立高等学校に係る授業料の不徴収及び高等学校等就学支援金の支給に関す

る法律」が成立し、授業料の無償化のため、高等学校等就学支援金という、公立及び私立学校への支出が行われるようになった。この支出は国庫補助金ではなく、都道府県の支出金として計上されている。

高校授業料の無償化は民主党政権における主要な政策だったが、普遍主義のもとで、階層を問わず一律に公立学校の授業料相当分（地方交付税算定額）年間一一万八八〇〇円が支給されることになった。私立高校への授業料無償化には二三万七六〇〇円（両親と子ども二人の世帯で年収二五〇万円未満）、一七万八二〇〇円（二五〇～三五〇万円程度）が支給された⑰。

しかし、自公政権への政権交代とともに、二〇一四年からは保護者世帯の所得の上限を九一〇万円程度（市町村民税所得割額が三〇万四二〇〇円）とする制限が導入され、制度は選別主義へと変質してしまった。教育費の無償化から教育費補助制度への変質ともいえるだろう。だが、所得枠設定の確認作業は地方教育行政に多大な事務負担を負わせることとなっている。無駄な経費である。また、所得制限の導入によってねん出した財源四五〇億円によって、奨学金の新設と、大都市で先行していた私学優遇を国が追認する制度が加えられることにもなった⑱。奨学金は非課税世帯（生活保護世帯の高等学校生は生業扶助が出ているため対象外）への給付だが、除外した生活保護世帯には生活保護費から修学旅行費が出ないため、その部分のみは給付する。さらには高等学校が全日制か通信制かなどで支給が相違するといった複雑な制度である。普遍主義から選別主義への転換により、給付条件は細分化され分かりづらくなってしまった。

二〇一八年になって、文科省は就学支援による教育費格差の是正は限定的だと認めた⑲。また、全国私立学校教職員組合連合の分析では、就学支援の効果が薄い原因として、私立志向が増加していること、施設設備費や入学金などの自己負担額が多額に及んでいることが挙げられている⑳。九一〇万円の所得制限を廃止し当初の制度設計に戻すこと、また細分化している私学への付加的な措置を単純化することが必要である。またその中には、朝鮮高等学校への政治的な除外を見直すことも含めるべきである。

統廃合される公立高校

二兆円の教育無償化パッケージと合わせた施策として、二〇二〇年度から私立高等学校への特別な加配措置(年収五九〇万円未満世帯への無償化)が八〇〇億円の規模で行われている㉑。また、東京都には独自の補助制度があり、世帯年収が七六〇万円未満の世帯には、都内の私立高校の平均授業料である四四万二〇〇〇円までは、国の就学支援金との差額分を支給している(二〇一七年度から)。この制度により、世帯の負担は大幅に軽減されることになった。

だが、私立学校への優遇という政策誘導の結果、東京都では「都立高入試　三割が定員割れ私立高「実質無償化」影響か」という状況が続いている。「都教育委員会の担当者は定員割れの増加について「助成制度の定着で、私立を選ぶ生徒が増えたためではないか」と分析をしている㉒」。日比谷高校など一部の都立高校では大学進学実績が向上し、「都立復権」が語られているが、それは全都一学区という巨大規模の通学区から生徒を集中させることによって成り立っているに過ぎず、多数の都立高等学校を踏み台としたものである。こうした復権した都立高校以外を進学先として選ぶ場合、他の都立高校ではなく、私立高校を選択するように財政的な誘導がなされてきたのである。

この先にあるのは都立高校の統廃合政策である。こうした私立優遇政策は、東京都だけではなく、首都圏や大阪府でも行われており、そこでは教育機能を私立学校が代替することで、運営経費の節減が目論まれている。そして、高等学校の統廃合によって、単に数を減らすだけでなく、グローバル人材育成を目的とした一部の学校と、基礎学力向上を目的とした学校とへの、資質・能力別の再編成が検討されているのだ。

文科省は、様々な国際舞台で活躍できる人材の育成に取り組む高校を「スーパーグローバルハイスクール（SGH）」に指定し、質の高いカリキュラムの開発・実践やその体制整備を進めている。この指定は二〇一四年度から実施され、それをもとにした「WWL（ワールド・ワイド・ラーニング）コンソーシアム構築支援事業」も二〇一九年度から始まっている。狙いはSociety 5.0時代に向けたイノベーティブなグローバル人材の育成である。

一方で、教育費の私費負担が重くのしかかる世帯の生徒は、交通機関を使わず自転車通学できる距離の公立高等学校を選び、また費用の掛からない部活動に入部するか、アルバイトのために部活動に入ることを断念している。高等学校の退学者は二〇一八年度に全国で四万八五九四人に上る。二〇一九年の「子供の貧困対策に関する大綱」では、生活保護世帯に属する子どもの高校等の中退率は四・一パーセント(全世帯の子どもの高校中退率は一・四パーセント)とされた。教育格差の進行が理由の深い原因にあるとの視点を入れることも大切である。退学後の進路では、別の高等学校への再入学、とくに通信制高等学校が受け皿となっているケースもみうけられる。だが、近年ではその通信制高等学校での中途退学も目立つようになっている。

既にみてきたように、過疎地では人口減少や公共交通網の廃止によって、そして大都市部では私学優遇策により公立学校は統廃合に追いこまれている。だが、小中学校だけでなく、公立高校もまた、教育機会の平等を社会的に保障する装置として守っていかなければならない。教科書代など授業を行うのに必要な費用を広義の授業料として公的に保障するとともに、広域化している通学圏による経費や、貧困世帯への奨学金枠の拡大などへの財源投入を行うべきである。

新型コロナウイルスの感染拡大に伴う保護者負担軽減

新型コロナウイルスの感染拡大に合わせて、どのような負担軽減措置がなされたのだろうか。

厚労省は二〇二〇年二月二七日から二〇二一年三月三一日までの期間に対する「小学校等の臨時休業に伴う保護者の休暇取得支援のための新たな助成金」を制度化した(当初の上限は一日八三三〇円、二〇二〇年四月以降は一万五〇〇〇円を有給休暇取得を認めた企業に支給)。四月七日に「新型コロナウイルス感染防止等のための生活保護業務等における対応について」が通知され、申請にあたって対面で調査すべき事項を最小限とすることなどを示した。また、第二次補正予算では、一人親世帯向けの児童扶養手当を受給している低所得の世帯に五万円の「臨時特別給付金」を支給し、子どもが一人増えるごとに三万円ずつ加算するとした。収入が減少した児童扶養手当受給世帯への給付として、すでに児童扶養手当や公的年金を受給し、今回、収入が大きく減少したひとり親世帯には、さらに五万円が支給される。

また、文科省は「令和二年度における小学校、中学校、高等学校及び特別支援学校等における教育活動の再開等について(通知)」(三月二四日)において、申請期間の延長や家計の急変に伴う年度途中の認定必要者は速やかに認定し必要な援助を行うことを、同様に高等学校生等への就学支援に柔軟な対応を求めた。さらに第一次補正予算では児童手当に一万円の上乗せ「臨時特別給付金」を実施した。六月五日には「新型コロナウイルス感染症対策に伴う児童生徒の「学びの保障」総合対策パッケージ」、六月一一日には「新型コロナウイルス感染症に対応した持続的な学校運営のためのガイドライン」を通知し、授業料や就学支援の取扱いを示した。

自治体の独自政策は、政府の支援に先立つか、上乗せする形で実施された。表5-6にまとめたように地域間のかたよりは大きい。児童手当を上乗せした市区町村は全国で一八九、児童扶養手当を上乗せしたのは三九〇市区町村に上った。このことから、自治体はひとり親世帯への負担軽減を重点的に行っていることがわかる。児童手当は一五歳までの子どもを対象に所得基準以下の世帯へ給付するものである(ただし基準を超えていても特別給付五〇〇〇円がある)。都道府県別で

表5-6　地方独自の新型コロナウイルスの感染拡大に伴う保護者負担軽減策実施上位

項目	児童手当・児童扶養手当加算(%)		子ども全員への給付措置(%)		就学援助対象者への給食費補助等(%)		年度内, 休業期間給食費無償(%)	
1	香川県	135.3	大阪府	111.6	愛知県	37.0	山梨県	44.4
2	富山県	80.0	大分県	111.1	埼玉県	30.2	大阪府	34.9
3	埼玉県	73.0	福井県	82.4	東京都	24.2	愛知県	33.3
4	千葉県	70.4	群馬県	74.3	茨城県	20.5	奈良県	23.1
5	滋賀県	68.4	滋賀県	57.9	山梨県	18.5	沖縄県	19.5
6	兵庫県	65.9	石川県	52.6	宮城県	17.1	宮崎県	19.2
7	石川県	63.2	山梨県	51.9	滋賀県	15.8	福井県	17.6
全国合計	579	33.3	443	25.4	149	8.6	157	9.0

項目についてはそれぞれカウントしているので100%を超える場合もある．2020年6月集計

は香川県一三五・三パーセント、富山県八〇・〇パーセント、埼玉県七三・〇パーセント、千葉県七〇・四パーセント、滋賀県六八・四パーセント、兵庫県六五・九パーセント、石川県六三・二パーセント。兵庫県明石市が児童扶養手当五月支給分から五万円を上乗せしたのは素早い判断であった。

つぎに、全員給付をした自治体は、現金の特別給付が一七五、図書券・商品券二六三、教材費無償五市区町村に上った。都道府県別では大阪府一一一・六パーセント、大分県一一一・一パーセント、福井県八二・四パーセント、群馬県七四・三パーセント、滋賀県五七・九パーセント。多額なのは福井県勝山市の一人当たり現金六万円である。また、群馬県太田市が一八歳以下の子どもがいる世帯に食事券一万円を配布したほか、大阪府は図書券(カード)、大分県は新入学者に商品券を配布した。教材費の期間限定無償化は和歌山県和歌山市、奈良県御所市、奈良県三宅町、群馬県草津町、千葉県富里市で実施された。

就学援助として給食費を補助したうち、給食費を年度内無償としたのが七七、臨時給付したのが七二市区町村。都道府県別では愛知県三七・〇パーセント、埼玉県三〇・二パーセント、東京都二四・二パーセント。長崎県西海市、福岡県大牟田市、福岡県北九州市、山口県宇部市、東京都大田区、秋田県能代市、青森県八戸市は家計の激変対応を要件として就学援助認定を迅速に行った。七四都市に限定した朝日新聞の調査では三割の自治体が就学援助世帯に昼食代を給付していた(二〇二〇年五月三〇日)。

年度内の給食費を無償化したのは一五七自治体。都道府県別でみると、給食費の負担緩和措置が進んでいるのは、山梨県四四・四パーセント、大阪府三四・九パーセント、愛知県三三・三パーセントである。

すでに給食費無償化をしている千葉県多古町、群馬県草津町では給食費相当額を給付した。和歌山県太地町では希望する小中学校、こども園の子どもたちへ教職員が弁当を届け、合わせて子どもの様子を確認した。神奈川県藤沢市も小中学校五四校の生活困窮世帯や保護者が仕事を休めない世帯へ教職員が軽食を配布した。

児童手当や児童扶養手当の上乗せを、全国の三分の一にあたる自治体が実施し、子どもへの全員給付は四分の一の自治体が取り組んだことは称賛に値する。ここには、アフター・コロナの学校の条件がある。わたしたちが調査を行った後でも、自治体では東京都荒川区が中学生以下の子どもがいる世帯へ一万円のクオカード、東京都品川区が区民一人当たり三万円(中学生以下の子どもがいる場合は一人当たり二万円加算）など、財政力がある自治体では対応が続いている。一方で国は児童扶養手当を六月に支給した対象世帯に対して、「ひとり親世帯臨時特別給付金」を実施した。

多様な形の保護者負担軽減策のうち、何が効果的であり、何が単なるバラマキに終わったのかの検証を行い、このような各種政策のうち有効性が高いものは、引き続き実施することが望まれる。自治体の財政は、突然の支出により、悪化している。埼玉県新座市は市税などの財源不足が見込まれるとして、二〇二〇年一〇月に財政非常事態宣言を発令するに至っている。一時的な給付ではない児童手当、児童扶養手当、学校給食費の無償化は有効性が高いだろう。自治体独自政策の成果を国として評価し、新たな財源を措置して全国に広く実施する方策が求められる。

保護者負担の軽減は、一時的な対策でなく義務教育の無償化の契機とするべきであろう。「義務教育の無償」を定めた憲法第二六条第二項を「授業料不徴収のみ」に限定する解釈は、教科書無償化をはじめとして、ここに述べてきたように学校の設置者である自治体や住民の不断の努力によって乗り越えられようとしている。憲法の文字通りに「義務教育の無償」を完全な無償とするために、関連する教育基本法第五条、学校教育法第六条の法改正も具体的に日程に挙げるべきである。子どもたちが保護者の財布を心配せずに学校へ通うことが普通の社会にしなければならない。

おわりに　八つの提言

地域にわたしたちの学校を築こう

新型コロナウイルス感染拡大は、いま学校が抱えている問題を様々な形で浮き彫りにした。だが、政府はそうした問題を真摯に省みることなく、デジタル教育への傾斜をはじめとする諸政策を、いわば「どさくさに紛れて」一気に実現しようとしている。その中には入学時期を四月から九月にする制度変更など、あまりに稚拙なために頓挫した計画もある。

だが、そのような政策は広がった教育格差を埋めることはなく、逆にどこまでも広げることになるだろう。それは、あらかじめ作られた社会的な分裂の上で子どもたちが学び、自分の人生の行方を定めていくことである。地域とともにあった学校が放棄されるのと軌を一にして、労働環境や家庭環境も旧来の姿を失い、私たちは繋がりを失った個人として生きざるを得なくなっている。そして情報の洪水が、個人としての私たちをさらに分解しつつある。

改革・革新という美しい響きを持つ言葉が、いまや卑しめられている。教育改革とは「新自由主義的な教育改革」を縮めた言葉になってしまっている。二一世紀になり着実に浸透するこの「新自由主義的な教育改革」は、国と地域の教育からの撤退と、個人のための教育欲求を肥大化させる教育の市場化によって成り立っている。それは多様な教育機会を確保するという名目で進められる、個別最適化された学びの実現であり、分離別学の究極の体系化でもある。

本書の中で繰り返し述べてきたように、国の教育ではなく、私の教育でもなく、わたしたちの教育が必要である。地域共同の事業として、学校教育を再構築することが求められる。学校の統廃合は少子化に伴う自然な現象ではなく、意図的、政策的に引き起こされた人工的な現象であることは、第三章で述べたとおりである。だが、人工的な現象であれば、私たちの力によって、それを逆転させていくことも可能なはずである。

義務教育とは、誰もが普通教育を学ぶためにあり、「卓越」した人間を育てることを目的にはしていない。社会のつながりを深め、それぞれの人生を穏やかに暮らすための、基礎を養うものである。こうした基本に立ち戻り、普段使いの学びを地域にねざした学校で実現する。学習する内容を分権自治の観点から具体化する。わたしたちの子どもをみんなで見守り、支える。税による無償化を深める。逆転のために必要なのは、たったそれだけのことである。急激な勢いで国民国家を形成した日本では、国の財力を経済や軍事に優先させてきた。そのため、長きにわたって義務教育でも授業料を徴収し、現在でも補助教材費、学校給食費などを広義の授業料として徴収することで、保護者に税外の負担を強いてきた。こうした明治以来の悪癖は改められなければならない。

最初の一歩となるのは、明治時代のはじめに地域の力で生活圏に小さな学校を作り、維持してきたように、二一世紀でも子どもの小さな足で通える通学距離にある小さな学校を実現する、そして少人数学級をつくりだすといった、ごくごく身近な課題の解決である。あるいは、おいしくて安全な学校給食を安心して食べさせる、といった課題でも良い。そのためには、公的負担による学校給食の完全無償化が必要である。その先には、社会のつながり方を熟知した地域へと目を向け、その意見を尊重した学校教育の可能性を探ることになるだろう。地方自治に立った教育内容の見直しとともに、補助教材、社会科見学、修学旅行などの経費を「広義の授業料」として無償化するという課題は、そこで取り組まれることになるだろう。

大きな改革・革新をもとめる言葉に振り回されることなく、一つ一つの課題を地道に解決していくことが大切である。誰もがお金の心配をせずに教育を受けられるようにする。災害にあったときに近くの学校へ避難する。その避難所ではプライバシーと人権が守られ、安眠できる。——これらはそれほど大それた願いなのだろうか。

公教育のなにもかもを無償にする

一九四七年の教育基本法・学校教育法から始まった戦後の教育は、教育機会を平等にするという理念のもと、新制中学校を全国で一斉に新設するなど無謀ともいえるほどの情熱に支えられてはじまった。

しかし、その理想を実現するための財政は敗戦後のインフレによってすでに破綻していた。国からの補助がほとんどない中で、自前の財源で新設中学校の校舎建築を強いられた。設置者である自治体は無惨な状態におかれ、三名の町長が自殺をするほどだった(1)。

教育の無償化は、憲法では「義務教育は、これを無償とする」(第二六条)という理念を掲げながら、旧教育基本法では「国又は地方公共団体の設置する学校における義務教育については、授業料は、これを徴収しない」(第四条)として、授業料のみに限定されていた。さらには窮乏化していた子どもたちに対しても、教育福祉の普遍主義を放棄した「経済的理由によつて修学困難な者に対して、奨学の方法を講じなければならない」(第三条)という選別主義によって対応した。

だが、高知県長浜の部落解放運動を嚆矢とする取り組みによって、教科書の無償化は実現する。義務教育における教科書の無償給与制度は、「義務教育諸学校の教科用図書の無償に関する法律」(一九六二年三月三一日公布)及び「義務教育諸学校の教科用図書の無償措置に関する法律」(一九六三年一二月二一日公布)に基づき、一九六三年度に小学校一年生から実施され、一九六九年度には小・中学校の全学年の無償化が達成された。わずか五〇余年前のことである(2)。

また一九九四年四月に批准された「児童の権利に関する条約」には、初等教育を無償化するという規定がある。この条約をうけて、民主党政権は二〇一〇年から高等学校の授業料の無償化を実施してきた。この政策によって、経済的理由による高校中退者は減少したが、その後の二〇一四年には自民党政権によって所得制限が導入され、私立学校への優遇策に転換してしまった(3)。

今日の新自由主義的な政策により、貧富の格差や深刻な少子化・過疎化が起きている。だが、様々な自治体がこの状況をはね返す取り組みを進めている。学校給食費などを「広義の授業料」としてすべて税金で賄い、保護者から学校徴収金を取らない自治体が急速に増えているのだ。自治体がこのように意欲的に取り組むのは、義務教育が自治事務であるからである。自治体が処理する業務で、国が本来果たすべき役割にかかる事務のうち法律またはこれに基づく政令のとくに定めるものを、法定受託事務という。この法定受託事務以外の、自治体本来の事務が自治事務である。学校教育法の第五条には、学校の設置者負担主義・管理主義(義務教育の諸学校の設置者は自治体)が定められ、そして地方財政法第九条では、自治体が他の法律で定められている以外を負担するとしている。このような法律の枠組みが機能しているのは、子どもは地域のみんなの子どもであり、地域共同の事業として育てるべきだという気概があるからである。

二〇一三年に「子どもの貧困対策の推進に関する法律」が、翌年には「子供の貧困対策に関する大綱」がつくられ、学校を子どもの貧困対策のプラットフォームとすることが掲げられている。こうした法律や大綱によって予算措置がつき具体化されたのはスクールソーシャルワーカー等の配置である。しかし、七人に一人の割合の子どもの貧困に対して、生活保護および準要保護認定、給付の改善はわずかであった。学習支援への予算措置に比して、現にある家庭の貧困対策は進んでいない。いま学校の先にあるのは、生易しい社会ではない。企業の内部留保(利益剰余金)をみると、二〇一九年度は四七五兆円を超え、八年連続で過去最高を更新した。他方では労働者の四割が非正規雇用である。新型コロナウイルスの感染拡大は、この格差と貧困をさらに拡大させていくことだろう。ホワイトカラー層へのリモートワークの瞬く間の広がりは、労働者という概念を変えつつある。雇用関係からの離脱、個人事業主化も生じ、ひいては最低賃金制の適用除外も拡大される。二一世紀は一見便利そうに見えて、実は生き難い時代になったのだ。それをはね返すには、特効薬はない。これまで述べてきたような地道で粘り強い試みしかない。

必要なのは、今ある貧困を解消すること、それも貧困世帯のみに的を絞った選別主義ではなく、誰でもが享受できる普遍主義の視点から全体を改善することである。二〇一九年に改訂された「子どもの貧困対策の推進に関する法律」は、この方向に一歩踏み出している。

学校徴収金の公会計化を要請する文科省通知も、二〇一九年になってようやく出された。このような小さな事柄であっても、実現までには十数年がかかったことには悔しい思いが募る。今後は公正な取り扱いが全国的に広まることが期待される。学校徴収金の内容についても住民に周知されることになるだろう。それは、広義の授業料として認められる範囲を定め、税負担に転換していく絶好の契機となる。理念としてのみ語られてきた教育の無償化を、真の意味で現実にする始まりが訪れようとしている。

機は熟した。無償化が進展すれば、生活保護や準要保護世帯への就学援助のおおよそは必要がなくなり、保護世帯の子どもたちも貧富の差を感ずることなく学校へ通うことができる。多様な社会的背景やさまざまな心身の状況にある子どもたちが一堂に会して共に学ぶことこそが、地域の共同事業としての義務教育の原則である。その鍵は普遍主義にある。戦前の反省に立って教育機会の平等を求めた原点へと戻り、戦後七〇年間の宿題を終わらせる時である。

地域の民意を調整する基盤的な制度の提案

こうした課題を解決するプロセスにおいては、トップダウンなどではなく、意見の相違を民主的な手続きで克服し合意形成を図ることが欠かせない。そのために必要なのは、教育委員会制度や学校運営協議会についても、戦後の原点に立ち戻って公選制に改めることである。公選制の必要性について、最後に少し書き加えたい。

アフター・コロナの学校の条件を実現するために、民意を調整し取りまとめる制度は如何に可能だろうか。教育委員会制度の大元であるアメリカが体現していたように、公選制の意思決定機関によってしか、民意の正当性は担保されない。直接的な意思表示も重要だが、それは公選制の機関があることを前提としている。

だが、日本の教育委員会が任命制をとってきたことは、地域内のさまざまな階層の意見、そして当事者である子どもたちの意向を調整するという役割の軽視に他ならない。二〇一四年には教育委員会制度の改革が始まったが、そこで行われたのは教育委員長と教育長(教育委員会における事務の代表者)の一本化や、首長主宰の総合教育会議の設置などにとどまった。学校統廃合の促進などが期待されてのことだが、そのために地域住民の意向は一層反映しにくい状況となってしまった。⑤

加えて、世界的には学校理事会、学校協議会などの名称で公選制の組織があるが、日本では学校運営に民意を反映させる制度も存在しない。だが、現在は任命制になっている学校運営協議会に公選制を導入することで、民意に沿った学校運営が可能になるはずだ。つまり、公選制の教育委員会・学校運営協議会を実現することで、民意を反映した学校の運営が可能になる。たとえば学校統廃合といった問題についても、教育効果の論理といった狭い範囲の議論だけでなく、地元の意向を尊重することが大切だが、それは教育内容への地域の願いを組み込むことである。

学校を含めた全ての地方行政組織は、民意に基づき、それを尊重するための行政機関である。教育にかかわる全ての職員は、その意思に従ってそれぞれの専門的な力量を発揮し、誠実に業務を遂行する。教育内容は、学習指導要領を大綱化し、地域の持続可能性を広げる意思を最大限尊重したものに転換する。教員は、授業活動に専念する。教育行財政は教育委員会事務局と学校事務職員をはじめ学校運営部門とが一体となって運営する。教員を学校運営から解放することにより、真の働き方改革を実現させる。学校の教育が地域の要求に適っているかどうかは、教育委員会・学校運営協議会が一体となった組織で評価する。このような仕掛けをつくることで、地域が教育から撤退すること、民営化や過度な情報化へ傾斜する現状を押しとどめる契機とするべきである。⑥

最後に、本書で展開した議論をまとめて、八つの提言を行いたい。どこから始めてもよいだろう。アフター・コロナの学校の条件は、国が考えることでもなく、また誰かが考えることでもなく、わたしたちが考え、つくりだすものである。提言とは違う取り組み方もあるだろう。新奇なものに惑わされず、議論を尽くし、合意したものを迅速に具体化することの繰り返しこそが、もっとも大切なのである。

アフター・コロナの学校の条件　八つの提言

提言1―1　大規模災害、疫病が繰り返されるなか、地域で一番安全な場所を学校につくろう
提言1―2　人道的な避難所をつくり、雑魚寝をやめよう
提言2―1　ハイテクに頼らない生活と普段使いの学びを大切にしよう
提言2―2　教育内容と教育方法の画一化、そして学習者の個人情報の集中管理をもたらすデジタル教育を急ぐのをやめよう
提言3―1　小さな足で通える小さな学校の小さな学級をつくろう
提言3―2　国のためでも、私のためでもなく、わたしたちの教育を実現しよう
提言4―1　おいしく安全な無償の自校給食を実現しよう
提言5―1　子どもたちが保護者の財布を心配せずに学校に通えるようにしよう

注

はじめに

(1)「「一斉休校」首相決断の舞台裏　官邸は文科省の代案を突っぱねた」『東京新聞』二〇二〇年七月二一日。

(2) UNICEF(国連児童基金)「COVID-19 による失われた世代を生まないために」二〇二〇年一一月二〇日。

(3) 日本ユニセフ協会「新型コロナ感染、九人に一人が子ども　失われた世代を生まないために」二〇二〇年一一月一九日。これに先立って、OECD(経済協力開発機構)は「新型コロナウイルス感染症(COVID-19)が子供に与える影響に対処する」を二〇二〇年八月一一日に発表した。貧困層の子どもが流行の影響を受けやすいこと、脆弱な世帯の子どもは家庭学習で最も大きな影響を受けることを指摘し、デジタル環境における子どもへの影響にも言及している。

(4) 厚生労働省「新型インフルエンザ(A/H1N1)対策総括会議　報告書」二〇一〇年六月一〇日。

(5)「PCR検査強化、保健所増員…一〇年前に提言されていたのに…新型コロナに生かされず」『東京新聞』二〇二〇年六月二一日。

第一章

(1) 文部科学省「学校におけるブロック塀等の安全点検等について(通知)」二〇一八年六月一九日。

(2) 国土交通省「建築物の既設の塀の安全点検について」二〇一八年六月二一日。
(3) 文科省「学校施設におけるブロック塀等の安全対策等状況調査の結果について」二〇一九年八月七日。
(4) 「最高気温四〇度超えの岐阜県多治見市がまさかの設置率〇%！　小中学校へのエアコン設置が進まないワケ」『週プレNEWS』二〇一八年七月三〇日。
(5) 「高校のエアコン設置、保護者負担も公費活用で改善進む」『朝日新聞』二〇二〇年六月二六日。
(6) 文科省「公立学校施設の空調(冷房)設備設置状況について」二〇一九年九月一日。
(7) すぎむらなおみ『養護教諭の社会学――学校文化・ジェンダー・同化』名古屋大学出版会、二〇一四年。宍戸洲美編著『養護教諭の役割と教育実践』学事出版、二〇〇〇年。
(8) すぎむら前掲書。
(9) すぎむら前掲書。
(10) 鎌塚優子、大沼久美子編著『「新しい学校生活」のための感染症対策ハンドブック』学事出版、二〇二〇年。
(11) 「学校に感染者発生マニュアルなし　県議会ウイルス特別委員会で協議」静岡放送、二〇二一年一月二八日。
(12) 「新発田市　早期発見で〝クラスター防止〟へ　全教職員に抗原検査キット配布」新潟総合テレビ、二〇二一年二月一二日。「公立校五割でコロナ感染報告　神奈川、「第三波」以降急増」『神奈川新聞』二〇二一年二月一二日。
(13) 文科省「避難所となる公立学校施設の防災機能に関する調査の結果について」二〇一九年八月二八日。

(14) ネオマーケティング「災害時の避難所に関する調査」二〇二〇年一月三〇日。
(15) 文科省「東日本大震災の被害を踏まえた学校施設の整備について」二〇一一年七月。
(16) 「熊本地震と災害関連死　第一回　屋外避難へと追い詰められた被災者」NHK、二〇一七年五月二二日。
(17) 「「東日本」避難所などで二九人被害　災害時の性暴力　神戸のNPOが警鐘」『神戸新聞』二〇二一年三月六日。
(18) スフィア・アソシエーション「スフィアハンドブック：人道憲章と人道支援における最低基準」(二〇一八年改訂)。
(19) ただし、福祉避難所が障害を持つ人への医療的な合理性からのみ発するときには、地域の共同生活からの強制的な分離をもたらすという課題も生じる。
(20) くみ取りなしで最大一〇〇回程度の使用が可能で、約四三〇万円で導入された(国の補助金を活用したため、自治体負担は三割)。「島原市が「トイレカー」導入　九州自治体初」『長崎新聞』二〇二〇年五月九日。
(21) 「全国の避難所に導入してほしい…上田市が導入した簡易テント「ファミリールーム」に注目」『Jタウンネット』二〇一九年一〇月一八日。
(22) 新型コロナウイルス感染症対応地方創生臨時交付金を使って新型コロナウイルス感染症避難所対策事業(段ボールベッド、パーテーションの購入など)を実施した。
(23) 「発熱者の専用室・マスク倉庫・換気扇…避難所のコロナ対策支援、国が費用七割負担へ」『読売新聞』二〇二一年三月二三日。
(24) 榛沢和彦「人道的な避難所設営と運営を」NHK『視点・論点』二〇一八年六月二五日。

(25) 東京都教育委員会「大災害時における学校教職員の避難所業務従事等について」一九九八年七月一日。
(26)「コロナ感染者が出て長時間勤務…教員に手当を支給　京都市教委、制度創設後初めて適用」『京都新聞』二〇二〇年一一月一一日。
(27) 日本防災士機構HP(https://bousaisi.jp/)他。
(28) 木元英二「学校事務職員の「避難所」への関わり方」『学校事務』二〇二〇年九月号。
(29) 震災・学校支援チームHP(http://www.hyogo-c.ed.jp/~kikaku-bo/EARTHHP/)、「チームによる自治体間の防災支援の枠組み(県外支援)」(https://anzenkyouiku.mext.go.jp/news/2020-06/data/news202006-3.pdf)。
(30) 東北大学大学院医学系研究科　感染制御・検査診断学分野、臨床微生物解析治療学、感染症診療地域連携講座、東北感染制御ネットワーク「避難所における感染対策マニュアル」二〇一一年三月二七日。
(31) 内閣府・消防庁・厚生労働省「避難所における新型コロナウイルス感染症への対応について」二〇二〇年四月一日。
(32) 内閣府・消防庁・厚生労働省「避難所における新型コロナウイルス感染症への更なる対応について」二〇二〇年四月七日。
(33)「「避難」と「感染対策」　両立難しさ浮き彫りに…長崎県内各地で大雨」『長崎新聞』二〇二〇年六月二六日。
(34)「コロナ禍の豪雨　避難所混乱　検温に列、段ボールベッド不足も」『西日本新聞』二〇二〇年七月一三日。
(35)「校内感染検査、対応にばらつき　保護者ら不安「PCR対象拡大を」」『神戸新聞』二〇二〇年七月二一日。

(36)「〈新型コロナ〉八〇人感染、新たにクラスターか　陽性教諭の小学校で児童二人感染　県南、西の県立学校も」『埼玉新聞』二〇二〇年一一月一五日。

(37)「〈新型コロナ〉生徒一二一人が学校休む…さいたま市　感染不安から自主的に　教育長「心配なく通常に戻る」」『埼玉新聞』二〇二〇年七月二一日。

(38)地方教育行政の組織及び運営に関する法律(地教行法)第四七条の五に基づく。

(39)学校設置者としては、全体の三割にあたる五三二市区町村及び一八道府県の教育委員会(学校組合を含む)が導入しており、こちらも前年の三六七市区町村及び一一道県から約一・五倍に増加している。

(40)第二〇条の臨時休業規定による。

(41)東井義雄『村を育てる学力』明治図書出版、一九五七年。

(42)樋口修資『教育委員会制度　変容過程の政治力学――戦後初期教育委員会制度史の研究』明星大学出版部、二〇一一年。坪井由美『アメリカ都市教育委員会制度の改革――分権化政策と教育自治』勁草書房、一九九八年。

(43)大田尭『地域社会と教育』金子書房、一九四九年。

第二章

(1)剣持一巳(一九四〇―九八年)は技術評論家。おもな著作に、『格子なき支配――コンピュータ合理化と労働者』(新泉社、一九七七年)、『マイコン革命と労働の未来』(日本評論社、一九八三年)、『ハイテク災害』(日本評論社、一九八六年)等がある。

(2)剣持一巳『ハイテク災害』日本評論社、一九八六年。

（3）中村文夫『子供部屋の孤独――テレビゲーム第一世代のゆくえ』学陽書房、一九八九年。
（4）新学習指導要領によって教育内容は大きく膨れ上がることとなったが、その反面で学校現場では教育の内実を切り下げる動きも現れている。教員採用試験で水泳実技がなくなった都道府県、政令指定都市は少なくない。また、新型コロナウイルスの感染拡大のなかで「多数の受験者が同じ器具や楽器を使うことから安全確保が難しいため」として、岐阜県教育委員会は他の実技も行わないこととした。実技指導の質は問わないという姿勢が表れている。
（5）日本政府が二〇一六年に策定した「第五期科学技術基本計画」では、こうした政策の裏付けとなる、Society 5.0 というキャッチフレーズが掲げられている。だが、このような時代区分は、つまるところアベノミクス第三の矢「成長戦略」の枠内での発想でしかなかった。成長戦略が行き詰まれば、思い付きのような Society 5.0 の有効性もなくなるだろう。
（6）耳塚寛明・全国的な学力調査に関する専門家会議座長「全国学力・学習状況調査の再編の方向性について」二〇二一年三月二二日。
（7）「小中「ＰＣ一人一台」　静岡県内、二月補正計上は一〇市町のみ」『静岡新聞』二〇二〇年二月一七日。
（8）「都道府県三～六月補正五・五兆円」『日本経済新聞』二〇二〇年七月二七日。
（9）「〈新型コロナ〉新座市「財政非常事態」を発令　市税など大幅減収へ…試算で二五億円の財源不足見込み」『埼玉新聞』二〇二〇年一〇月二日。
（10）「体育高跳びで小六男児失明　自作の支柱当たり、神奈川」『産経新聞』二〇一九年一一月二六日。
（11）「二・七億人が自宅学習「授業は中止、勉強は中止せず」中国」『ＣＮＳ』二〇二〇年二月一〇日。
（12）文部科学省「新型コロナウイルス感染症対策のための学校の臨時休業に関連した公立学校における

学習指導等の取組状況について」二〇二〇年四月一六日。
(13) マカフィー株式会社「コロナ禍におけるＩＴ利用やセキュリティに関する調査」二〇二〇年一〇月六日。
(14) 文科省「感染症や災害等の非常時にやむを得ず学校に登校できない児童生徒に対する学習指導について」二〇二一年二月一九日。
(15)「デジタル教科書、本格導入へ提言　根強い懸念の声も」『朝日新聞』二〇二一年三月一七日。
(16)「デジタル教科書の効果検証「三年は必要」が四割…全市区調査」『読売新聞』二〇二一年三月二二日。
(17) 文科省「新型コロナウイルス感染症に関する学校の再開状況について」二〇二〇年六月三日。
(18)「登校もオンラインもＯＫ。「選択登校制」にした寝屋川市の取り組みに称賛の声。【新型コロナ】」『ハフポスト』二〇二〇年六月一六日。
(19) 文科省「令和二年度文部科学省第二次補正予算事業別資料集」二〇二〇年六月一二日。
(20) 文科省「Society 5.0 に向けた人材育成——社会が変わる、学びが変わる」二〇一八年六月五日。
(21) 文科省「統合型校務支援システムの導入のための手引き」二〇一八年三月。
(22) 文科省「教育データの利活用に関する有識者会議」第一回会合、二〇二〇年七月七日。
(23) 文科省「教育データの利活用に関する有識者会議」第四回会合、二〇二一年一月二七日。
(24)「欧州評議会：デジタル環境における子どもの権利の尊重、保護および充足のためのガイドライン」日本語仮訳：平野裕二、二〇二〇年。
(25) 小笠原みどり「パンデミック監視資本主義の台頭」、小倉利丸「デジタル庁構想批判の原則を立てる」『世界』二〇二一年四月号。

(26) 文科省「平成三〇年度　学校基本調査確定値」。
(27) 文科省「遠隔教育システム活用ガイドブック」(第二版)、二〇二〇年三月。
(28) 国立教育政策研究所「人口減少社会における学校制度の設計と教育形態の開発のための総合的研究最終報告書」二〇一四年三月。

第三章

(1) 香山壽夫『ルイス・カーンとはだれか』王国社、二〇〇三年。カーンは、エストニア系アメリカ人として、貧しい移民の子としてフィラデルフィアで育つ。長じて公営の労働者住宅および戦時住宅の設計などに従事し、二〇世紀を代表する建築家となる。一九〇一―七四年。
(2) 武波謙三「非正規教職員の実態とその考察(六)」『公教育計画研究』第一二号、二〇二一年六月。
(3) 東井義雄『村を育てる学力』明治図書出版、一九五七年。
(4) 若林敬子『増補版　学校統廃合の社会学的研究』御茶の水書房、二〇一二年。
(5) 「学校教育法施行規則」の第四一条、第七九条。
(6) 文部科学省「都道府県別学級数別学校数」「学校基本調査　令和元年度」。堤真紀「少子化と学校規模の適正化」『調査と情報――ISSUE BRIEF』第一一〇九号、二〇二〇年八月一八日。
(7) 「義務教育諸学校等の施設費の国庫負担等に関する法律施行令」第四条。
(8) 文科省「公立小学校、中学校の適正規模・適正配置等に関する手引の策定について(通知)」、および「公立小学校・中学校の適正規模・適正配置等に関する手引――少子化に対応した活力ある学校づくりに向けて」二〇一五年一月二七日。
(9) 「公立義務教育諸学校の学級編制及び教職員定数の標準に関する法律」第三条。

（10）「特別の定のある場合」とは、義務教育費国庫負担法などで学校の教職員三職種（教員、事務職員、学校栄養職員）の人件費は都道府県（政令指定都市）が三分の二、国家が三分の一をもつなど特別な法律がある場合を指す。
（11）中村文夫『子どもの貧困と公教育』第五章「学校統廃合」明石書店、二〇一六年。
（12）「学校集約で二九兆円削減　内閣府が経費試算」『日本経済新聞』二〇一七年八月二九日。
（13）経済財政諮問会議「経済・財政再生計画　改革工程表」二〇一五年一二月二四日。
（14）文科省「平成三〇年度　廃校施設等活用状況実態調査の結果について」二〇一八年三月一五日。文科省「令和二年度学校基本調査」二〇二〇年一二月二五日。
（15）「児童増で学校整備費二三倍　タワマン乱立の東京四区　財政を圧迫　開発制御を」『日本経済新聞』二〇一八年四月一日。
（16）「タワマン時代（下）人口急増　政策曲がり角」『朝日新聞』二〇一八年七月六日。
（17）中村文夫『子どもの貧困と教育の無償化——学校現場の実態と財源問題』明石書店、二〇一七年。
（18）国立教育政策研究所「人口減少社会における学校制度の設計と教育形態の開発のための総合的研究最終報告書」二〇一四年三月。
（19）文科省「「令和の日本型学校教育」の構築を目指して——全ての子供たちの可能性を引き出す、個別最適な学びと、協働的な学びの実現」二〇二一年一月。
（20）文科省「平成三〇年度　学校規模の適正化及び少子化に対応した学校教育の充実策に関する実態調査について」。
（21）文科省「教育委員会における学校の業務改善のための取組状況調査結果」二〇一八年四月一日時点。
（22）増田寛也編著『地方消滅』中央公論新社、二〇一四年。

(23) 根本祐二「人口減少時代における地域拠点設定とインフラ整備のあり方に関する考察——学校統廃合シミュレーションに基づく試算結果」『東洋大学PPP研究センター紀要』第八巻、二〇一八年。
(24) 中村文夫『学校事務クロニクル』学事出版、二〇二〇年。
(25) 「小学校、三五人学級に　五年かけて一学年ずつ　来年度から」『朝日新聞』二〇二〇年一二月一八日。
(26) 中央教育審議会『「令和の日本型学校教育」の構築を目指して——全ての子供たちの可能性を引き出す、個別最適な学びと、協働的な学びの実現』二〇二一年一月二六日。
(27) 教員養成段階で履修すべき事項のうちの「各教科の指導法」が「各教科の指導法（情報機器及び教材の活用。）」に改められた教育課程が二〇一九年四月から始まっている。現職教員に対してもICT活用指導力の研修が要請されている。
(28) 矢野経済研究所「プレスリリース　教育産業市場に関する調査を実施」二〇一七年一〇月五日。
(29) 嶺井正也・中村文夫編著『市場化する学校』八月書館、二〇一四年。同書には山口伸枝が「イングランドにおけるアカデミーの拡大」、福山文子が「スウェーデンの教育改革」を寄稿している。また、続編の教育政策二〇二〇研究会編『公教育の市場化・産業化を超えて』八月書館、二〇一六年には、山口伸枝が「学校民営化の拡がり」で欧米の公設民営学校のグローバルなつながりに着目した論考を寄稿している。
(30) ダイアン・ラヴィッチ『アメリカ　間違いがまかり通っている時代——公立学校の企業型改革への批判と解決法』末藤美津子訳、東信堂、二〇一五年。
(31) 文科省編著『諸外国の教育行財政』ジアース教育新社、二〇一四年。
(32) ミルトン・フリードマン『資本主義と自由』村井章子訳、日経BP社、二〇〇八年。

(33) 国立教育政策研究所、前掲。
(34) ラヴィッチ前掲書。
(35) 「義務教育の段階における普通教育に相当する教育の機会の確保等に関する法律」二〇一七年二月施行。
(36) 元井一郎「第一〇章 地域社会と公教育の関係性をどうとらえるか」広瀬義徳・桜井啓太編『自立へ追い立てられる社会』インパクト出版会、二〇二〇年。
(37) 広瀬義徳「教育産業の多角的展開とその公教育関与の背景」教育政策二〇二〇研究会編、前掲書。
(38) 文科省「平成二五年度就学援助実施等調査」等結果、二〇一五年一〇月六日。
(39) 中村文夫『子どもの貧困と公教育』。中村文夫『子どもの貧困と教育の無償化』。

第四章

(1) 小島しのぶ『学校給食変遷史』大学教育出版、一九九三年。
(2) 主な施策としては、二〇〇六年の有機農業の推進に関する法律、二〇一四年の「有機農業の推進に関する基本的な方針」がある。また二〇一八年の「SDGsアクションプラン二〇一九」では有機農産物安定供給などが優先課題とされた。
(3) 農林水産省「有機農業をめぐる我が国の現状について」二〇一九年七月二六日。
(4) 文部科学省「平成三〇年度 学校給食実施状況等調査」。
(5) 厚生労働省「国民生活基礎調査」二〇一八年七月。
(6) 文科省「「学校生活における健康管理に関する調査」中間報告」二〇一三年一二月一六日。
(7) 日本スポーツ振興センター「学校の管理下における食物アレルギーへの対応 調査研究報告書」二

〇一一年。
(8) 東京都教育委員会「食物アレルギー対応状況・特別食対応」『平成二九年度　東京都における学校給食の実態』。
(9) 「アレルギーの子どもを「疎外」しない　大阪狭山市の給食の取り組み」『AERA』二〇一六年三月七日号、朝日新聞出版。
(10) 文科省「学校における新型コロナウイルス感染症に関する衛生管理マニュアル」二〇二〇年五月二二日。
(11) 文科省「平成三〇年度　子供の学習費調査」。
(12) 「天下り「学校給食会」の五〇〇〇万円中抜きに批判殺到も、他の地域の子の給食はより貧相に？福岡市の直接購入は英断か拙速か」『読売新聞』二〇二〇年一一月一八日。
(13) 「若年層流出を食い止めた「給食費タダ」施策…年間一億円超かかっても市は「固定費だと思っている」」『産経新聞』二〇一四年七月二一日。
(14) 「奥多摩町学校センター設置条例施行規則」(一九七五年)に規定された要件は、(一)町立学校に通っていること、(二)学校給食をとっていること、(三)他の制度による援助を受けていないこと、の三点である。したがって、要保護・準要保護世帯で学校給食費の援助を受けている場合には、この制度は適用されない。
(15) 学校給食法第一一条第二項の食材料費を保護者負担とする項目をどのように運用するかが課題となっている。
(16) 滑川町「学校等給食費徴収規則」第七条。
(17) 文科省「学校給食費に係る公会計化等の推進状況調査の結果について」二〇二〇年。

(18) 同前。

(19) 文科省「平成二八年度の「学校給食費の徴収状況」の調査結果について」二〇一八年。

(20) 文部省管理局長回答「学校給食費の徴収、管理上の疑義について」(昭和三二年一二月一八日、委管長七七、福岡県教育委員会教育長あて)。

(21) 文科省「平成二八年度の「学校給食費の徴収状況」の調査結果について」二〇一八年。

(22) 塩尻市教育委員会「学校給食公会計の導入」二〇一六年一一月二五日。

(23) 中村文夫『学校財政』学事出版、二〇一三年。

(24) 「学校給食費の公会計化について Q＆A」北広島市ホームページ。

第五章

(1) 中村文夫『学校財政』学事出版、二〇一三年。

(2) 相澤英之『教育費——その諸問題』大蔵財務協会、一九六〇年。

(3) 労働政策研究・研修機構「子どものいる世帯の生活状況および保護者の就業に関する調査二〇一八」(第五回子育て世帯全国調査)。

(4) 同前。

(5) 地方自治法第二一〇条(総計予算主義)が原則であり、同法第二三五条の四「債権の担保として徴するもののほか、普通地方公共団体の所有に属しない現金又は有価証券は、法律又は政令の規定によるのでなければ、これを保管することができない」は、私会計があってはいけないことの根拠と解釈すべきである。

(6) 中村前掲書。

（7）文部科学省「平成三〇年度　子供の学習費調査」。
（8）全国町村会HP「京都府伊根町／小中学校での教育費を無償化」(https://www.zck.or.jp/site/spot/2230.html)。
（9）「修学旅行、公立小中校の一五％が中止　首都圏で割合高く」『朝日新聞』二〇二〇年一一月八日。
（10）「賄賂でハワイ旅行の校長一家　修学旅行汚職事件」『産経新聞』二〇一二年二月四日。
（11）「重さ六キロ背負って登下校　小学生のランドセル調査」『教育新聞』二〇一八年六月一五日。
（12）文科省「就学援助実施状況等調査の結果について(通知)」二〇一七年。
（13）この節の初出は「義務教育費完全無償自治体――山梨県早川町の挑戦」『学校事務』二〇一七年九月号。数値、表現などは手直しをしている。使用に快く応じてくれた学事出版にお礼を申し上げる。
（14）調査取材に当って快く応じてくださった望月公隆副町長、佐野正昭教育長、小林玲子早川北小学校長、そして、豪雨のなか同行取材をしてくださった自治労本部須藤幸弘書記、自治労山梨県本部(手塚仁中央執行委員長)の寺本義雄書記長、後藤真彦自治研担当には大変にお世話になった(肩書は取材当時)。
（15）市川昭午は次のように述べた。「教育条件整備に関する数値目標を欠いたままに数値化された教育成果の達成目標だけを掲げることにでもなれば計画として最悪であり、ない方がましということになる。私が二〇〇三年の中教審において基本計画を策定するという答申に反対したのは、まさにそうした事態になることを危惧したからにほかならない」『教育基本法改正論争史』教育開発研究所、二〇〇九年。
（16）公教育計画学会事務局「第一回大会シンポジウム　公教育の無償化――高校授業料の無償化実施に向けた課題」『公教育計画研究』第一号、公教育計画学会、二〇一〇年。
（17）私立高校については、この就学支援金だけでなく、私立高等学校等経常費助成費等補助(私学助成)

も含めて検討しなくてはならない。私学助成の補助率単価の設定を改善すれば、世帯収入に応じた小刻みな私立学校生への「無償化」を実施する必要性は低いのではないだろうか。私立学校においては、その後、さらに増額が行われている。

(18) 中村文夫「高校の授業料無償の所得制限」『週刊教育資料』第一二八九号、二〇一四年三月一〇日。文科省「新・高等学校等就学支援金制度の実施状況及び都道府県の家計負担軽減策の見直し状況について(通知)」二〇一四年七月二三日。文科省「平成三〇年度の私立高校生(全日制)への各都道府県における支援制度の概略」二〇一八年一〇月三〇日。「社説　私立高の授業料無償化制度」『日本教育新聞』二〇一六年七月四日。

(19) 文科省「高校生等への修学支援の効果及び影響等に関する調査研究報告書」二〇一八年三月。

(20) 全国私立学校教職員組合連合「二〇一七年度私立高校生・中学生の経済的理由による退学と学費滞納調査のまとめ」二〇一八年六月六日(http://zenkyo.biz/shikyoren/img/tainotaigaku2018.3.pdf)。

(21) 小中学校については、国は二〇一七年度から「私立小中学校等就学支援実証事業」として、私立の小中学校に通う年収四〇〇万円未満かつ資産保有額六〇〇万円以下の世帯を対象に、年間一〇万円の授業料補助を行っている。運用は各都道府県が行っている。

(22)「都立高入試　三割が定数割れ　私立高「実質無償化」影響か」『東京新聞』二〇一八年二月二四日。

おわりに

(1) 海老原治善『現代日本教育政策史(続)』三一書房、一九六七年。相澤英之『教育費――その諸問題』大蔵財務協会、一九六〇年。

(2) 中村文夫『学校財政』学事出版、二〇一三年。

(3) 中村文夫『子どもの貧困と教育の無償化——学校現場の実態と財源問題』明石書店、二〇一七年。
(4) 中村文夫『子どもの貧困と公教育——義務教育無償化・教育機会の平等に向けて』明石書店、二〇一六年。
(5) 与党教育委員会改革に関するワーキンググループ「教育委員会制度の改革に関する与党合意(別添)大綱・協議・調整事項のイメージ」二〇一四年三月一三日。
(6) 中村文夫『学校事務クロニクル』学事出版、二〇二〇年。

あとがき

わたしたちの学校について着想を得たのは二〇一八年八月末のことでした。その直後に脳梗塞によって倒れてしまいました。リハビリなどで、推敲がはかどらないなか、二〇二〇年以降は新型コロナウイルスの感染拡大を受けて、往来ができず、資料等の収集も進まず、歳月が過ぎていきました。毎日が再発の恐怖以外のなにものでもありませんでした。が、それはまた、改めて自分が生きていることを考える機会でもありました。そして、アフター・コロナの学校の条件の輪郭を定めることができました。

三八年間、公立義務制小中学校の学校事務職員として生活の糧をえて、その後は通信制大学院で楽しく勉強をしました。そしてしばらく大学の非常勤講師を務めていたのですが、大病を患ったことを契機に辞めました。わたしたちの学校のあり方という課題について、感染拡大の渦中にあって叙述するという作業に、いま、一つの区切りをつけ、筆をおくことができてほっとしています。

いつものように資料の提供と点検には学校事務職員の友人、知人の手を煩わせ、とくに教育行財政研究所の研究委員である武波謙三さんにはたくさんの時間をとっていただきました。調査資料の作成にも同氏の力が大きく加わっています。地方自治体職員の労働組合である全日本自治団体労働組合（自治労）の仲間とのつながりによって、地方自治の大切さに気が付くことができました。所属する公教育計画学会では、知見を深めることができましたが、感染拡大によって、その機会も失われています。また、『学校事務』誌編集長木村拓さんには掲載した「義務教育費完全無償自治体――山梨県早川町の挑戦」を本書に載せることを快く承諾していただき、また二〇一三年以来『学校事務』誌に連載中の文章のコンセプトも随所に使わせていただいています。

岩波書店の編集者押川淳さんには、出版までの長い道のりを我慢強くつき合っていただきました。本として形にするために、綿密な編集をしていただいて、ありがとうございました。

家族の一員として闘病を支えてくれた愛犬ジャスミン。東日本大震災一週間後に生を受け、香りを放って庭に咲くハゴロモジャスミンに倣って元気に生きてほしいと名付けました。ですが、二〇一九年秋に息をひきとってしまいました。このように書くだけで、胸がいっぱいになります。

友人、知人、家族、そして多くのみなさんが感染症の拡大の世を生き延び、そしてアフター・コロナの時代を迎えられることを祈ります。そして、皆がともに生きることの大切さを、公立学校という場にこだわりながら、これからもゆっくりと思い深めていきたいとおもいます。

二〇二一年六月

中村文夫

初出一覧

第二章第二節　「授業はやめても教育はやめない」の危うさ
初出「ＩＣＴ教育は教育スタンダードになるか？」『世界』二〇二〇年五月号、岩波書店。

第五章第四節　早川町の挑戦――完全無償化を達成した日本一小さな町
初出「義務教育費完全無償自治体――山梨県早川町の挑戦」『学校事務』二〇一七年九月号、学事出版。

＊収録にあたっては、いずれも加筆と修正を加えた。

中村文夫
1951 年，埼玉県生まれ．明星大学大学院修了．専修大学などを経て，教育行財政研究所主宰．専門は教育行財政学，学校事務論，教育施設環境論．著書に『学校財政』(学事出版 2013 年)，『子どもの貧困と公教育』(明石書店 2016 年)，『学校事務クロニクル』(学事出版 2020 年) 他多数．

アフターコロナの学校の条件

2021 年 7 月 16 日　第 1 刷発行

著　者　中村文夫《なかむらふみお》

発行者　坂本政謙

発行所　株式会社 岩波書店
〒101-8002 東京都千代田区一ツ橋 2-5-5
電話案内 03-5210-4000
https://www.iwanami.co.jp/

印刷・三陽社　カバー・半七印刷　製本・松岳社

ISBN 978-4-00-061449-8　Printed in Japan